동생의 정신적 再活에 헌신해 준 누나이자

최고의 멘토인 그녀,

이혜원 님께

지은이 이원우 m_bishop@naver.com
세계가 결코 평등하게 구성되어 있지 않다는 것이 대전제라면 '미모'라는 자원 역시 불평등하게 배분되어 있다는 것이 그의 소전제다. 첫인상이 결정되는 0.4초가 결국 그 사람의 운명이 되어버리는 냉혹한 현실 속에서, 작가는 자못 진지한 시선으로 욕망을 독점한 극소수의 집단 '예쁜 여자'에 주목했다. 그저 반짝반짝 빛나고 있는 것만 같은 예쁜 여자들. 하지만 알고 보면 그녀들은 고독하고 불행하다.

- 홍익대학교 경영학과 졸업
- 시사정론지 《미래한국》 기자
- 한경닷컴 칼럼니스트
- Podcast 〈베스트셀러를 읽는 남자〉 진행
- 저서 《유니크 YOU NEEd Questions》《연애의 뒷면》

감수

김태훈 연세대학교 의과대학과 동대학원을 졸업하고, 연세대학교 부속 신촌세브란스 병원 인턴과정을 거쳐 세브란스 정신건강병원 전공의 과정을 수료했다. 연세대학교 의과대학 신경정신과 교수와 경기도 광주 정신보건 센터장, 효자병원 정신과 과장을 역임했고, 제15기 의료정책 최고위 과정을 수료했다. 현재 사랑샘터 정신과 원장으로 있다.

권혜석 아름다움을 찾을 수 있도록 의학적 기술을 이용하는 의사이지만 당당한 외모만큼 건강한 마음가짐이 필요하다고 말한다. 영화배우, 탤런트, 가수, 스포츠 스타 등 유명인들의 발길이 끊이지 않는 청담동의 탐클리닉 원장으로 있다.

그녀들의 4대 비극

예쁜 여자

제1판 1쇄 인쇄 2013년 6월 14일
제1판 1쇄 발행 2013년 6월 21일

지은이 이원우
펴낸이 박성우
디자인 | design group ALL
펴낸곳 청출판
주소 경기도 파주시 문발동 594-10 1F
전화 070-7783-5685 팩스 031-945-7163
전자우편 sixninenine@daum.net
등록 제406-2012-000043호

ⓒ2013 이원우
ISBN 978-89-92119-37-5 03330

그녀들의 4대 비극

예쁜 여자

이원우 지음 ─

김 권
태 혜
훈 석

감수

'예쁘다는 것'의 의미

남자라면 누구나 예쁜 여자를 좋아한다. 한 케이블 방송에서 '남녀 탐구생활'이란 제목으로 남녀 차이에 대해 말하며 각 연령별 이상형에 대해 보여준 적이 있다. 여자는 10대에서는 운동 잘하는 남자, 20대는 공부 잘하는 남자, 30대는 돈 많은 남자, 40대는 꽃미남, 50대는 자신의 아들로 이상형이 바뀌지만 남자의 이상형은 꾸준하게 오로지 예쁜 여자였다. 일견 남자들은 참으로 단순한 존재로 보일지도 모르지만, 반대로 여자들이 가장 듣고 싶어 하는 말은 노소가릴 것 없이 '예쁘다'는 말이다. 어느 쪽이 더 단순한 걸까? 서로 피장파장인 셈이다. 하지만 남자들이 예쁘다고 하는 것과 여자들이 예쁘다고 하는 것에는 차이가 있다. 여자 입장에서는 별로 예쁘지 않은데 남자들이 예쁘다고 하는 경우도 많다.

여자가 예쁘기 위해서는 일단 여성스러워야(feminine) 한다. 여성스럽다는 말에 일정한 형식이 있는 건 아니지만 그 시대의 가치관에 비춰봤을 때 우아하고 매력적인 외모를 말한다. 과거에는 풍요를 상징하는 풍만한 가슴과 엉덩이를 가진 소위 글래머가 예쁜 여자였지만 지금은 그냥 뚱뚱한 여자다. 그렇기 때문에 날씬하고 키가 크면서 얼굴에선 소위 'V라인'이 보이는 여자, 그리고 턱과 입이 작은 여자만이 여성스럽다는 평가를 받게 된다.

문제는 이런 아름다운 매력을 본인 스스로 지혜롭게 컨트롤하지 않으면 자신에게도 매우 불행한 결과를 불러올 수 있다. 유감스러운 것은 자신이 그 심각성에 대해 인식을 하지 못한다는 점이다. 오히려 자신에 대한 관심을 계속 유지하기 위해 외적 아름다움을 이용하고 있다는 것과 자신이 주목받지 못할 경우 심각할 정도로 불편하게 여긴다. 정신과에서는 이와 같은 증상을 인격 장애 중 한 형태인 histrionic으로 설명한다. 외적 아름다움을 잘못 이용하고 있는 여자들은 처음에는 무척이나 매력적으로 보인다. 왜냐하면 그녀의 생각은 온통 남자의 관심에만 집중되어 있어 여기에 맞추어 생각하고 행동하기 때문이다. 옷과 화장도 그렇고 말과 표정들도 매혹적으로 다가 온다. 중요한 것은 그 매력에 동참하는 순간 남자에게는 새로운 인생이 열리게 되지만, 그것이 반드시 두 사람에게 행복한 것이라고는 단정 지을 수 없다. 예쁜 여자와의 만남이 무조건 행복으로 통하는 열차가 아니기 때문이다. 이 책《예쁜 여자》가 짚어 내고 있는 내용이 바로 그것이다.

예쁜 여자의 운명이 행복, 아름다움, 희망 등 멋진 인생과는 달리 불안, 파괴, 고독, 죽음의 4대 비극에 처해 있다는 사실에 놀라게 된다. 결국 여자든 남자든 예쁜 여자의 손을 잡는다고 해서 결코 행복해지는 것이 아니라는 점. 예쁜 여자라는 주제를 통해 우리 모두의 행복에 대해 참신한 방향에서 메스를 들이대는 재기발랄한 시도로 보인다.

사랑샘터 김태훈 원장

'예쁨'이란 이름의 욕망 덩어리

최근 성형의 바람이 대한민국을 거세게 강타하고 있다. 몇몇 여성들의 전유물처럼 느껴졌던 성형은 10대 청소년들에게도 꿈으로 자리 잡았다. 미성년자들도 아무런 거리낌 없이 성형을 고민하게 만드는 시대다. 성형의 비용 또한 파괴되어 성형수술을 패스트푸드처럼 사고 팔수 있는 시대가 되었다. 서울의 압구정과 강남역 주변에는 한 건물에 2개 이상의 성형 간판이 걸려있는 걸 보게 된다. 그렇다면 성형의 보편화는 사람들을 예전보다 더욱 행복하게 만들어 주었을까. 오랫동안 외모 문제로 고민하는 다양한 사람들을 만나본 나의 결론에 의하면 별로 그런 것 같지는 않다.

　오래전부터 병원을 다닌 여성 환자가 있었다. 그녀의 목소리, 움직임, 얼굴, 성격 등을 보며 나는 그녀가 아름답다고 느꼈다. 하지만 최근 불고 있는 양악수술의 열풍이 문제였다. 하악이 발달된 연기자들이 양악수술을 받고 난 뒤 광고 삼아 수술을 홍보하면서 '양악수술만 받으면 모두 볼록한 볼과 작아진 얼굴을 가질 수 있다'는 헛된 욕망이 확산됐다. 그리고 이 욕망은 그녀를 그냥 지나치지 않았다. 나의 격렬한 반대에도 불구하고 어느 날 그녀는 얼굴 전체에 붓기와 멍을 갖고 병원을 찾았다. 한숨이 절로 나왔지만 이제 결과만을 기다려야 하는 처지였기에 붓기가 가라앉으면 예쁜 얼굴이 될 것이라고 위로하는 수밖에 없었다. 하지만 그 후 1년, 붓기라고 생각했던 것은 볼의 처짐 증상이었음이 확실해졌다. 관절의 통증으로 잠 못 이루는 밤이 이어졌다. 그녀는 거울 속에 비친 자신의 모습을 매일 낯설어 하면서 자신의 삶을 조용히 파괴하고자 하는 불안함 속으로 들어가고 있었다. 이전의 자신감은 온데간데없고 걸음걸이는 조심스러워졌으며 성격은 지나치게 어둡고 내성적으로 변해갔다. 나는 이런 사례를 얼마든지 알고 있다.

　이제 30대 후반의 연기자가 된 또 다른 그녀의 경우를 보자. 작품은 계속 들어오고 있으나 이전과는 달리 억척스러운 역할만 들어온다. 새로운 얼굴들이 계속 등장해 자신이 차지하고 있던 주인공 자리를 꿰어 차 갔다. 그녀는 점점 이전에 알지 못하던 고독감에 휩싸여 갔다. 밤이 되면 수면제로 잠깐의 잠을 사지만, 짧은 잠 이후에도 더 이상 자신이 주인공이 아니라는 현실은 그대로다. 아름다움도 시간 앞에서는 한줌 모래처럼 사라져간다. 아름다움은 한때 그녀에게 인생의 화려함을 주었지만 이제는 고독의 시간을 선물할 뿐이다. 그녀를 오래 지켜봐온 나는 그녀가 모든 상황을 잘 버텨내길 바랄뿐이다. 아름다움을 의학의 관점에서 접근하는 게 내 일이지만 아름다움에 치명적인 약점이 있다는 사실을 누구보다 잘 알고 있다. 아름다움이란 이름의 욕망은 불안을 부르고, 불안은 파괴와 고독을, 또한 그것들은 죽음을 부른다. 《예쁜 여자》는 그 4가지 비극에 대한 책이다.

　나는 내가 가지고 있는 의학적 기술들로 사람들을 치료하지만 이 책은 예쁜 여자를 둘러싼 비극적 심리들을 그려냄으로써 마음의 힐링을 추구하고 있다. 모든 치료의 기본은 증상을 정확히 아는 것에 있다. 이 책 안에는 세상의 어떤 아픔이 치유될 가능성이 존재하며 그것만으로도 의사로서 작은 기쁨을 느끼기에 충분했다. '예뻐지고 싶다'는 작은 욕망 하나가 결국 파괴를 부를 수도 있다는 사실, 행복은 오히려 평범함 속에 숨어있었다는 사실에 아무도 주목하지 않는 지금 나는 이 책에 희망을 걸어본다.

탑클리닉 전해식 원장

아름다운 사람들은
단지 아름답기만 한 것이 아니다.
그들은 우리를 주눅 들게 만들고
손에 땀이 나게 만드는 '상류층'이다.

– 울리히 렌츠 〈아름다움의 과학〉

“

연지와 분은 여자들이
스스로의 운명을 선택하는 방법,
삶이라는 거대한 게임에서 경쟁하여
승리하는 한 방법이다.

– 스콧 피츠제럴드의 연인 젤다 세이어

”

단 한 번의 키스에 천달러를 지불하면서도
영혼은 5센트인 곳이 바로 할리우드이다.

– 마릴린 먼로

MICHEL
DE
MONTAGNE

A Paris chez Esnauts et Rapilly rue St Jacques, à la Ville de Coutances. A. P. D. R.

아름다움을 능가할 가치란 없다.
아름다움은 천재의 한 형태이고,
천재보다 더 고차원적이다.

– 미셸 드 몽테뉴

내가 사랑했던가? 시각이여 부인하라.
진정한 아름다움, 이 밤에야 봤으니까.

– 셰익스피어, 〈로미오와 줄리엣〉에서

> 사랑과 배신 그리고 음모

— 루벤스, 〈삼손과 데릴라〉

들어가는 말

예쁜 게 전부인 세상입니다.

불과 20년 전만 해도 초등학생들에게 장래희망을 물으면 과학자며 선생님이며 고상한 직업들이 줄줄이 사탕처럼 튀어나왔습니다. 저 역시 우주선을 만드는 과학자가 되고 싶다는 희망사항을 적었던 기억이 납니다. 우주선을 만든 사람과 그걸 타고 우주로 날아가는 사람이 같은 인물일 거라고 짐작해서 더 그랬던 것 같습니다. 요즘의 분위기는 사뭇 달라졌습니다. 연예인의 인기가 급부상했기 때문입니다. 과거와는 비교조차 할 수 없을 정도로 많은 아이들이 가수며 배우를 꿈꿉니다. 심지어 그 부모들마저 연예인을 동경하는 아이의 꿈을 지지하고 응원합니다.

이제는 대한민국의 별명을 '연예인 공화국'으로 붙여도 큰 무리는 없을 것 같습니다. 눈에 보이는 것이 그만큼 중요해졌다는 뜻입니다. 미국의 닉슨 대통령이 "우리는 모두 케인스주의자다."라고 말했다면, 지금 한국의 현실을 표상하기 위해서는 "우리는 모두 외모지상주의자다."라고 표현해야 할 것 같습니다. 어른들이 예쁜 여자를 밝히는 통에 아이들까지 이렇게 되었다고 세태를 욕하기는 쉽습니다. "모름지기 사람은 겉보다 속이 중요한 거야."라고 당연한 말을 덧붙이기는 쉽습니다. 허나 그렇게 말하는 사람조차 예쁜 여자의 권역에서 자유롭지는 못합니다. 어딘가 잘못됐다는 걸 알면서도 좀처럼 행동이 바뀌지는 않습니다. 여전히 예쁜 여자를 보면 눈길이 가고, 어떻게 하면 저렇게 예뻐질 수 있는지 궁금해 하고, 어떻게 해야 자기도 한번쯤 예쁜 여자를 만날 수 있을지 고민합니다.

　지금 이 순간에도 포털사이트 검색 순위 상위권을 차지하고 있는 건 예쁜 여자들의 이름입니다. 하나의 이름이 다른 이름으로 대체되는 일은 있어도 예쁜 여자의 이름이 순위권에서 이탈하는 일은 결코 없습니다. 예쁜 여자는 이제 우리 모두의 욕망 한가운데에 군림해 있습니다. 그렇다 보니 그녀들을 강자 (强者)로 인식하는 것도 당연한 일이 되었습니다. 저렇게 예쁜 데, 온 세상이 자기들 중심으로 돌아가는데 뭐가 더 부러울 게 있겠냐고 속단합니다. 그 점에 대해 의심하는 사람은 아무도 없습니다.

정말 그럴까요? 예쁜 여자는 모든 것을 다 가진 행복한 사람 일까요? 그녀들 주변엔 환희와 기쁨만이 흘러넘칠까요? 혹시, 예쁜 여자에게는 예쁜 여자만의 질곡이 있어 그들은 누구에게 도 털어놓을 수 없는 고유한 비극 속에서 고통 받고 있는 것은 아닐까요? 이 책의 고민은 바로 이 호기심에서 출발합니다. 그 녀들을 부러움의 대상이 아니라 다른 사람들과 똑같이 이 세상 을 살아가는 유약한 인간의 하나로 바라보려 합니다.

궁극적으로 이 시도는 네 가지 비극으로 형상화되어 펼쳐집 니다. 예쁜 여자에게도 그녀만의 슬픔이 솜사탕처럼 휘감겨 있 다는 것. 인간 행복의 본질은 아름다움에 있지 않기에 그녀의 인생은 생각처럼 행복하지 않다는 것. 그것이 바로 이 책《예 쁜 여자》가 전하고자 하는 바입니다. 예쁜 여자의 비극에 대 해 연구하고 고찰하기 위해서 어렵고 복잡한 방법을 사용하지는 않았습니다. 그녀들을 많이 만나고, 넓게 듣고, 깊게 생각한 것. 그것이 핵심입니다. 이제부터 차근차근 네 가지 비극의 면면에 접근해보려 합니다. 많은 이들의 관심을 한 몸에 받으며 살아가는 사람들의 이야기인 만큼 흥미진진한 구석이 있는 것은 사실입니다. 하지만 이 책의 내용은 예상보다 무거울지도 모르겠습니다. 부디 천천히, 많은 생각을 동반하며 읽어주시길 당부 드립니다. 그것이 타인의 비극에 임하는 제3자들의 올바른 자세가 아닐까 사료되기 때문입니다. 주변에서 흔히 볼 수 있는 평범한 사물도 그 뒷면을 고찰하면 의외의 부분들이 튀어 나옵니다. 남들이 모두 앞을 볼 때 뒤를 궁금해 할 수 있는 것. 남들이 모두 예쁜 여자를 동경할 때 그녀들 주변의 비극에 주목하는 것. 바로 이 역발상에 창의성이 있고 서로에 대한 배려가 있고 관용이 있다고 생각합니다. 이 책 뒤의 세상이 지금보다 관용적인 곳으로 변해있기를 소망해봅니다.

그럼 이제부터 예쁜 여자가 어떠한 비극을 안고 사는지, 또 모든 사람들이 예쁜 여자를 추종하는 것이 어떠한 비극적 결과를 촉발시키는지를 추적해보려 합니다. 이 모든 과정으로 인하여 티끌만한 긍정적 변화라도 이룩될 수 있다면 이 책의 임무는 완수된 것입니다.

예쁜 여자에게도 비극이 있습니다.

그 첫 번째 비극의 이름은 바로, 불안(anxiety)입니다.

차례

제 4 막

죽음

"예쁜 여자는 환희, 긍정, 승리와 닮아 있습니다.
그 이미지들은 고스란히 그녀들 불안의 원인으로 변모합니다."

제 1 막

불안

예쁜 여자의
등장

제 1 장

예쁜 여자의 등장

예쁜 여자의 불안에 대해 알아보기 위해서는 우선 인간의 본성에 대한 고찰을 선행할 필요가 있습니다. 당연한 말이지만 예쁜 여자도 인간이기 때문입니다. 또한 불안이라는 감정이 얼마나 인간본성과 상반되는지를 알아야 그녀들이 겪는 비극이 참으로 통렬하다는 사실을 제대로 받아들일 수 있기 때문입니다. 인간의 본성에 대하여 당신은 어떠한 생각을 가지고 있습니까? 중학교 도덕 책에는 인간의 본성에 대해서 나름대로의 의견을 주장했던 각 분파의 선구자들이 크게 세 갈래로 나뉘어 기록돼 있습니다. 인간은 천성적으로 선하다고 봤던 것이 성선설(性善說). 그렇지 않다고 봤던 성악설(性惡說). 그리고 짜장면과 짬뽕이 논쟁을 할 때 반드시 끼어드는 볶음밥처럼 둘의 중간에서 "인간의 본성은 그때그때 다르다."라고 말하는 성무선악설도 있었습니다.

의도는 좋았지만 도덕 책이 제시하는 선과 악의 갈등구조는 한 사람의 내면세계에 생각보다 길고 깊은 흔적을 남기게 됩니다. 필요 이상으로 인간의 문제를 선악으로 나눠 생각하는 습관을 들이게 되는 것입니다. 본성론과 관련된 진짜 중요한 문제는 각 학설의 내용에 있지 않습니다. 우리가 학교를 졸업하고 나서도 어떤 문제에 대해 고민할 때마다 선악의 패러다임을 뛰어넘지 못한다는 점이 진짜 문제입니다. 도덕 책은 그런저런 학설들이 있다고만 가르쳐줬지, 현실이 어떤 논리로 돌아가는지에 대해서는 전혀 관심이 없었던 것입니다. 우리가 살아가는 세상은 더 이상 선악의 단순한 논법이 통하지 않는 복잡한 세상입니다. 실제 세상에는 본성부터 착한 사람도 없고, 뿌리부터 나쁜 사람도 없습니다. 그저 인간의 복잡한 행태들만이 끝도 없는 순환 고리 속에서 이어질 뿐이죠. 그 과정에서 나에게는 선한 일이 남에게는 악한 일이 되거나 그 반대의 경우도 빈번하게 발생합니다. 그게 바로 지금 우리가 살고 있는 세상의 본질입니다.

천사와 악마

21세기의 치열한 복잡성은 실체도 불명확한 인간의 본성론쯤은 가볍게 압도합니다. 그 사실을 가장 극명하게 보여주는 인물은 다름 아닌 스티브 잡스(Steve Jobs)입니다. 토머스 에디슨과 헨리 포드, 월트 디즈니의 뒤를 이을 혁신가로 손꼽히는 그는 아이폰의 깔끔한 디자인과는 완전히 대조적으로 파탄지경에 가까운 성격을 가지고 있었습니다. 스티브 잡스와 50차례 이상 인터뷰를 한 뒤 950페이지짜리 평전《스티브 잡스》를 저술한 월터 아이작슨은, 잡스가 슈퍼에서 주문한 스무디가 나오는 짧은 시간을 참지 못하고 점원에게 욕설을 퍼부었던 일화를 소개하며 이렇게 말했습니다.

"보통 사람들은 그런 상황에서 '짜증내지 말자'라는 마음 속

필터가 작동하는데 스티브에겐 그런 필터가 아예 없었다. 나는 절대로 아이폰을 발명하지 못하겠지만 슈퍼마켓에서 스무디를 만드는 직원에게 화를 내지도 않을 것이다."

이미 사망한 인물임에도 불구하고 스티브 잡스에 대한 가치 판단은 너무나도 어렵습니다. 매사에 성미가 급하고 결과 위주의 격렬한 경영을 선호했던 그의 스타일이 미국 실리콘밸리에서는 그저 한 CEO의 성품이었을지도 모릅니다. 하지만 대만의 조립업체 폭스콘의 공장으로 가면 분위기는 완전히 달라집니다. 미국 본사의 혹독한 요구에 부응하기 위해서는 대만의 노동자들을 죽음의 경계선까지 몰아붙이는 등 극심한 닦달을 해야 했기 때문입니다. 스티브 잡스는 그러한 비정함의 근원적 요인이었습니다. 그렇다면 스티브 잡스는 21세기 특유의 나비효과를 창조한 악마인 것일까요? 다른 한편 잡스의 그런 직설적인 성격이 없었다면 우리가 쓰고 있는 아이폰의 출현은 불가능했거나 턱없이 늦어졌을 거라는 점도 명백한 사실입니다. IT 역사의 위대한 한 페이지도 늦게 쓰였거나 아예 존재하지 못했을 것입니다. 그렇다면 수많은 추종자들이 찬양하는 대로 그는 실리콘밸리에 강림한 천사였던 것일까요? 도대체 스티브 잡스는 선일까요, 아니면 악일까요? 기존의 본성론은 이 질문을 해결하는 데 충분한 도움이 되지 못합니다. 한 사람의 판단과 행동이 수많은 사람들에게 영향을 주는 우리 시대의 모습은 점차 선악의 경계와 본질을 흐려놓고 있습니다. 더 이상 이 세상에는 착한 사람도 나쁜 사람도 없습니다. 흠결이 많고 불완전한 인간이 숨 쉬고 있을 뿐입니다. 인간은 인간일 뿐 신이 아닙니다. 선과 악은 인간이 논하거나 도달하기에는 턱없이 완전무결한 개념입니다. 우리는 그저 인간의 개별적 행동을 사후적으로 판단할 수 있을 따름입니다. 이제 우리는 세계의 본질을 있는 그대로 담아낸, 좀 더 높은 차원의 고민을 시작할 수 있어야 할 것입니다.

우리는 편안함을 원한다

실체도 모호한 선악의 영역 대신 인간의 본성이 거하는 곳은 따로 있습니다. 편안함[安]이라는 심리상태입니다. 모든 인간은 자신의 몸과 마음이 편안해지는 쪽으로 움직이려는 본성을 가지고 있습니다. 이것이 바로 성선설과 성악설을 모두 초월하면서도 둘 다 포용하는 성안설(性安說)의 요체입니다. 우리는 누군가와 만나거나 헤어질 때 안녕(安寧)이라고 인사합니다. 편안할 안(安)에 편안할 녕(寧)으로 구성되어 있는 이 단어는 오직 상대방의 편안함을 기원하기 위한 메시지입니다. 춘하추동, 남녀노소 어떤 상황에도 쓸 수 있는 이 단어는 편안함이라는 가치가 갖고 있는 보편성을 그대로 상징합니다.

인간본성론 개념도

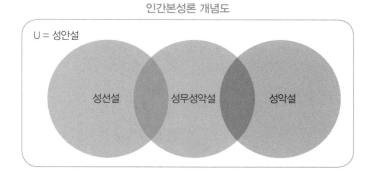

우리는 때때로 타인의 행복을 진심으로 기원합니다. 이것은 우리의 본성이 선하기 때문이 아니라 그 사람의 행복을 바라보

며 우리 자신이 편안함을 느끼기 때문입니다. 한편 우리는 때때로 흑마법이라도 부려서 누군가 쓰러지거나 벌 받기를 기원합니다. 그것은 우리의 본성이 악하기 때문이 아니라 상대방이 우리로 하여금 어떤 불편함을 유발했기 때문입니다. 선과 악이라는 불명확한 경계를 편안함이라고 하는 좀 더 넓은 차원으로 승화시키는 것. 그로 인해 우리는 인간이라고 하는 복잡다단한 존재를 한 층 더 포괄적으로 이해할 기회를 얻게 됩니다. 우리가 잘 알고 있는 서양의 사상가 한 명도 일찍부터 인간의 평온에 대해서 세심하게 주목하고 있었습니다.

애덤 스미스의 공감 이론

애덤 스미스(Adam Smith)라는 이름을 알고 계십니까? 〈국부론〉을 지은 경제학의 아버지? 맞습니다. 분업의 원리를 설명해서 자본주의의 새로운 장을 열었던 인물? 맞습니다. 헌데 그런 애덤 스미스가 경제학자는 아니었다고 하면 믿으시겠습니까?

애덤 스미스는 경제학자가 아니었습니다. 그가 살았던 18세기에는 경제학(economics)이라는 용어 자체가 없었습니다. 대신 그는 대학교에서 논리학과 수사학과 철학을 강의하는 '도덕 선생님'이었습니다. 피도 눈물도 없는 경제학의 창시자라고 불리는 애덤 스미스의 이미지는 그가 〈국부론〉보다 더 많은 애착을 가지고 저술한 처녀작 〈도덕감정론〉을 읽음으로써 크게 변화합니다. 그는 자신의 묘비명에 〈국부론〉이 아닌 '〈도덕감정론〉의 저자 이곳에 잠들다'라고 표기했습니다. 그만큼 이 책에 많은 의미를 부여했고 평생을 걸쳐 책을 개정했습니다.

대학에 진학해서 경제학과나 경영학과에 들어가는 학생들은 1학년 1학기에 〈경제학원론〉부터 수강하는 것이 당연한 커리큘럼으로 되어 있습니다. 그리고 첫 시간의 주제는 통상 '기회비용'입니다. 들뜬 마음으로 새로 산 펜과 노트를 붙잡고 있는 학생들을 바라보며 교수님은 이렇게 말씀하십니다.

"오늘 이 시간에는 기회비용에 대해서만 확실히 이해하고 가도 괜찮습니다."

기회비용이 경제학에서 매우 중요한 개념인 것은 맞습니다. 하지만 몇 달 전까지 일개 고교생이었던 학생들은 비용(cost)이라는 개념을 통하여 경제학과의 첫 만남을 시작하기 때문에 이 학문이 인간본성과 깊은 연관을 맺고 있다는 사실을 쉽게 까먹습니다. 또한 경제학을 '늘 계산하고 이것저것 재는 학문'으로 받아들이게 됩니다. 경제학적 사고방식에 익숙지 못한 타 전공 학생들을 '세상에 대해 아무것도 모르는 풋내기' 취급하는 불상사가 일어나기도 합니다. 허나 다른 인문학과 마찬가지로 경제학 역시 본질적으로는 인간을 탐구하는 학문입니다. 이것은 경제학의 창시자인 애덤 스미스로부터 이어져온 '전통'입니다. 따라서 우리는 경제학을 알기 위해 저명한 경제학자들의 〈경제학원론〉이 아니라 애덤 스미스의 〈도덕감정론〉부터 먼저 배워야 하는지도 모릅니다. 그 안에 경제학의 아버지가 사회를 바라보는 독창적인 시선이 고스란히 담겨 있기 때문입니다. 재미있는 것은 그가 문명사회의 본질을 공감(sympathy)에서 찾았다는 점입니다. 공감이라고 하는 단어는 21세기 한국에서도 커다란 영향력을 행사하고 있습니다. 공감, 위로, 치유와 같은 단어들은 이미 시대의 키워드가 된 느낌입니다.

그런데 수백 년 전의 도덕선생님이, 그것도 경제학의 시작을 열었던 인물이 이미 공감의 중요성을 설파했던 것입니다.

"동감의 원인이 무엇이건 간에, 또는 그것이 어떻게 생겨나건 간에, 다른 사람도 마음속으로 우리 마음속의 감정에 동류의식을 느끼고 있음을 보게 되는 것 이상으로 즐거운 것은 없다. 또한 다른 사람이 마음속으로 우리와는 반대로 느끼고 있음을 보게 되는 것만큼 충격적인 일도 없다."

— 애덤 스미스(Adam Smith), 〈도덕감정론〉

서로 간에 공유되는 감정이 있을 때 사회에는 신뢰가 싹트게 됩니다. 그 기본적인 믿음을 기반으로 거래(transaction)를 시작하는 것이 시장경제의 본질입니다. 공감의 정서에 기초해서 세상을 바라볼 때 진보의 여지가 생겨난다는 사실을 애덤 스미스는 일찍부터 강조하고 있었던 것입니다. 일련의 과정 속에서 편안함과 불편함을 느끼며 세부적인 행동을 조정하는 것은 사회적 동물로서 우리 모두가 가지고 있는 습성이기도 합니다.

여기에서 한 가지 질문을 던져봅시다. 만약 누군가 타인의 공감을 쉽게 유도할 수 있는 재능을 가지고 있다면 어떨까요? 그 사람은 아주 쉽게 사회의 중심이 될 수 있을 것입니다. 어떤 유형의 사람들이 떠오르십니까? 뛰어난 언변으로 공감을 유도하는 사람도 있을 것입니다. 독창적인 발명품으로 공감을 유도하는 사람도 있을 것입니다. 뛰어난 가창력으로 공감의 눈물을 자아내는 사람 또한 있을 것입니다. 그런데 이 세상에는 별다른 매개체를 사용하지 않고서도 아주 빠르고 직관적인 공감을 얻어내는 사람들이 존재합니다. 누구일까요?

예쁜 여자입니다.

제 2 장

예뻐라, 온 세상이 함께할 것이다

인간에게는 아주 재미있는 습성이 있습니다. 슬픔보다는 기쁨, 패배보다는 승리에 대해 더 많은 공감을 허락할 준비가 되어 있다는 점입니다. "성공에게는 수많은 아버지가 있지만 실패는 고아다." 라는 말은 이와 같은 인간의 습성을 잘 표상합니다. 서럽게 울고 있는 낯선 사람을 발견했을 때를 상상해봅시다. 우리는 그 사람에게 무슨 일이 있는지 궁금해 하며 생각에 잠기지만 함께 울지는 않습니다. 그러나 깔깔거리며 웃고 있는 낯선 사람을 봤을 때에는? 좀 다릅니다. 아무런 영문을 몰라도 우리의 입가에는 은은한 미소가 번지고 있습니다. 눈물의 고개는 넘기가 어렵지만 웃음의 고개는 넘기가 쉽습니다. 또한 누구나 그것을 넘고 싶어 하죠.

Laugh, and the world laughs with you;

Weep, and you weep alone

웃어라, 온 세상이 너와 함께 웃을 것이다

울어라, 너 혼자 울게 될 것이다

— 엘라 윌콕스(Ella Wilcox), 〈고독(Solitude)〉

　사람들이 예쁜 여자를 추구하는 데에는 다른 복잡한 이유가 없습니다. 우리는 그녀들을 보면 기분이 좋아집니다. 그녀들은 승리, 긍정, 환희와 닮아 있습니다. 그렇기 때문에 쉽게 공감을 유도합니다. 그녀들의 에너지가 자신의 것으로 옮아오기를 소망하면서 우리는 끊임없이 예쁜 여자들을 주목합니다. 원래는 별로 인기가 없었던 사람도 예쁜 여자와 친구가 되고 나면 인기가 덩달아서 크게 상승한다는 연구 결과가 나와 있습니다. 예쁜 여자와 친하게 지낼 정도라면 그 사람에게도 뭔가가 있을 것이라고 사람들은 짐작합니다. 이것은 예쁜 여자의 선택과 행동에 우리가 얼마나 커다란 의미를 부여하는지를 잘 말해줍니다. 그녀들은 우리 욕망의 한가운데에서 끝없는 공감을 유발하는 존재입니다.

그녀는 상류층

　누구에게든 쉽게 공감을 살 수 있다는 것도 넓게 보면 하나의 재능입니다. 소통과 공감을 유도하는 것이 커다란 미덕으로 간주되는 요즘 세상에는 더더욱 그렇습니다. 물론 예쁜 여자가 유발하는 소통은 일반적인 의미의 소통과는 좀 다릅니다. 두 사람이 마음을 툭 터놓고 서로의 모든 것에 대해 사심 없이 대화한다는 의미의 커뮤니케이션과는 다소 거리가 있기 때문입니다. 그보다 예쁜 여자는 상대를 압도하는 재능이 있습니다. 눈치를 보게 만들고, 본래 생각은 그게 아니었더라도 예쁜 여자의 움직임을 추종하게 만드는 힘이 있습니다. 독일의 정신과 의사 울리히 렌츠는 예쁜 여자를 둘러싼 사람들의 심리를 정확하게 묘사했습니다.

"아름다운 사람들은 단지 아름답기만 한 것이 아니다. 그들은 아름다움에 더해, 권위자처럼 우리를 주눅 들게 만들고, 가슴을 쿵쿵거리게 하고, 손에 땀이 나게 만드는 상류층이다."

– 울리히 렌츠, 〈아름다움의 과학〉

'상류층'이라는 단어 하나가 모든 것을 설명해주는지도 모르겠습니다. 법 앞에서 만인이 평등하다는 사실은 우리 모두가 알고 있지만, 막상 예쁜 여자 앞에서 그 생각은 산산조각 나버립니다. 그녀들과 우리가 평등하지 않다는 사실을 우리의 오감과 육감이 전부 입을 모아 말하는 것 같습니다. 그래서 어떻게 해서든 그녀의 눈에 들기 위해 우리는 기존의 취향과 기호, 신념과 가치관을 모두 내다버리기도 합니다. 예쁜 여자의 입장에서 이러한 경향은 어떠한 느낌을 줄까요? 온 세상이 자신의 말과 행동에 주목한다는 사실은 참으로 짜릿한 기분을 선사할 것 같습니다. 자신이 세상의 중심이 된다는 기분을 느낀다해도 전혀 무리는 아니고, 실제로 예쁜 여자들은 자신을 중심으로 자그마한 '사회'를 구성하기도 합니다. 하지만 그것은 반드시 행복한 일일까요? 이 압도적인 동감의 과정에 의하여 그녀들은 혹시 아무에게도 말하지 못하는 불안함을 느끼고 있는 것은 아닐까요? 자신이 상류층으로 올라설 수 있었던 비결이 자신의 미모 때문이라는 점은 바보가 아니라면 누구라도 알 수 있습니다. 다시 말해 본인의 노력이 아니라 타고난 운에 의해 인생의 향방이 결정된 것입니다.

행운은 많은 사람들을 부럽게 만들지만 그 행운의 당사자를 허탈하게 만드는 힘을 동시에 가지고 있습니다. 예를 들어 로또 1등에 당첨된 사람의 행복함은 놀라울 정도로 빨리 사라집니다. 100% 운에만 기인한 행복은 인간에게 성취감을 주지 못하기 때문입니다. 행복은 상당 부분 그것을 거머쥐는 '과정'에서 기인하는 것이기에 복권에 당첨된 사람과 예쁜 여자는 구조적으로 그리 오래 행복할 수 없는 운명 앞에 놓여 있습니다. 단지 그들의 행운을 갖지 못한 타인들의 눈에만 '아마 행복할 것'이라는 암시를 던질 따름입니다. 공부를 열심히 해서 사회적 지위를 달성한 사람은 아무리 시대가 변해도 자신의 똑똑한 머리로 생존해나갈 수 있으리라는 자신감을 갖고 있습니다. 타고난 생활력으로 입지를 구축한 사람 역시 상황이 어떻게 변하든 거기에 맞춰 대응해나가리라는 자신감을 갖게 됩니다. 그들이 달성해낸 삶의 업적, 그러니까 기득권에는 합당한 근거가 있는 것입니다. 그렇기에 그들 역시 미래에 대한 불안을 느끼기는 하지만 그 정도가 필요 이상으로 솟구치지는 않습니다. 예쁜 여자는 그들과 다릅니다. 그저 태어나보니 예쁜 상태에 도달해 있었던 사람. 아무것도 한 게 없는데 상류층으로 도달해 있는 사람은 언제 문득 그 행운을 반납해야 할지 모르기에 더욱 커다란 불안감에 휩싸이지는 않을까요?

로또 당첨자의 경우에는 통장 잔고를 통해 행운이 소멸되는 것을 목격이라도 할 수 있지만 예쁜 여자의 경우에는 가시적인 확인조차 쉽지가 않습니다. 예쁜 여자의 심리상태에 대해 좀 더 깊게 고찰하기 위해서는 아무런 노력도 없이 재능을 타고난 사람들, 이른바 천재들의 사례에 주목할 필요가 있습니다. 여성의 아름다움을 하나의 재능으로 본다면 예쁜 여자는 천재에 해당하는 존재이며, 천재와 예쁜 여자는 놀라울 정도로 많은 유사점을 공유하기 때문입니다.

천재의 한 형태

예쁜 여자가 천재의 한 종류라는 말은 프랑스의 철학자 몽테뉴에게서도 나온 적이 있습니다.

"아름다움을 능가할 가치란 없다.
아름다움은 천재의 한 형태이고, 그것은 설명할 필요가 없으므로 천재보다 더 고차원적이다."

어려서부터 한 분야에 탁월한 능력을 보여 세간의 주목을 받는 아이들을 떠올려봅시다. 어른도 잘 모르는 천자문을 달달 외운다거나 세 자릿수끼리의 곱셈을 암산으로 해낸다거나 하는 신동들이 있습니다. 그런 아이들이 TV에 나와 재능을 과시하면 누구라도 눈길을 주지 않을 수 없습니다. 그런데 이 신기한 광경에는 한 가지 지적해야 할 사실이 숨어 있습니다. 세상 사람들을 놀라게 할 재주를 가진 천재 아이들이 평범한 사람에게 줄 수 있는 교훈은 그다지 많지 않다는 점입니다.

'어린 녀석도 저렇게 열심히 한자 공부를 하는군. 나도 더 성실하게 살아야겠어.'

라는 생각에는 실효성이 전혀 없습니다. 그 아이는 원래 그렇게 태어났을 뿐이라는 점을 놓치고 있는 것입니다. 방송에 출연하기 위해 얼마간의 노력은 했겠지만 아이의 입장에서 보면 '그저 태어나서 정신을 차려보니 한자가 잘 외워지는 상태'였을 따름입니다. 명백한 운의 영역입니다. 천재의 능력이 노력과 별개라는 점은 시간이 흐를수록 더욱 뚜렷해집니다. 성장해서까지 본래의 능력치를 유지하는 천재 꼬마가 많지 않다는 걸 우리는 이미 알고 있습니다. 청소년기를 거쳐 성인이 될 무렵이면 평범한 사람의 하나로 편입되는 경우가 오히려 보편적입니다.

아무런 잘못도 하지 않았는데 '한자가 안 외워지는 상태'로 이행해버린 본인들의 심정은 적잖이 쓸쓸할 것입니다. 이것은 평범했다면 느끼지 않아도 됐을 불행입니다. 이쯤 되면 어린 시절의 천재성이 행운인지 불운인지조차 판단하기 힘들어집니다. 수많은 천재 아이들의 인생이 이렇게 흘러갔음에도 불구하고 우리는 천재(天才)라는 단어에 대해서 이상할 정도의 마력과 동경을 느낍니다. '하늘이 내린 재능'이라는 말 속에는 다른 누구에게도 허락되지 않은 축복이 그 사람에게만 하사되었다는 특별함의 뉘앙스가 휘감겨 있기 때문입니다. 우리 모두가 추구하는 행운의 간택이 바로 이 단어 안에 냉동보관되어 있습니다. 아무리 남들 눈에 별것 아닌 것처럼 보이는 사람이라도 스스로는 특별하다고 느끼는 게 인간의 심리입니다. 또 실제로도 모든 인간은 제각각 특별한 존재입니다. 단, 우리가 원하는 건 그런 값싼 특별함이 아닙니다. 독점적이고 배타적이고 비싼 권리를 원합니다. 그래서 천재라는 말을 듣는 사람에 대해 질시와 부러움이 뒤섞인 시선을 숨기지 못하는 것입니다. 예쁜 여자라는 천재에 대해서도 마찬가지입니다. 많은 사람들은 하루라도 예쁜 여자로 살아보고 싶다고 생각합니다.

천재의 불안

　막상 천재적인 외모를 가지고 세상을 살아가는 건 그리 유쾌하지만은 않을지도 모릅니다. 모든 사람의 관심을 집중시킬 외모를 갖고 있는 것은 그 자체로 저주일 수도 있습니다. 자신에게 호감을 드러내는 사람이 어떤 목적을 가지고 있는지를 파악하기가 힘들어지기 때문입니다.

'그저 육체적이고 피상적인 관계만을 원하고서 나에게 다가오는 것은 아닐까?' '결국 나의 단점을 소문내는 나쁜 친구가 되는 건 아닐까?'

의심의 프리즘으로 타인을 바라보는 것에 점점 익숙해지는 것이 예쁜 여자라는 이름의 천재 앞에 놓인 숙명적 불행입니다. 예쁜 여자가 떠안아야만 하는 숙명적 4대 비극의 첫 번째는 그래서 '불안'입니다. 한자 외우기 천재나 바둑 천재는 그나마 평소에는 평범한 척이라도 할 수 있습니다. 하지만 예쁜 여자는 이슬람교로 개종해서 차도르를 쓰고 다니지 않는 한 그마저도 할 수 없습니다. 바깥에 나가기만 해도 모든 사람들의 시선을 받아야 합니다. 자신을 오직 욕망의 시선으로 바라보는 남자들. 자신을 오직 질시의 시선으로 바라보는 여자들. 이 가운데에서 살아가는 건 어떤 기분일까요? 과연 우리가 추측하는 것처럼 그렇게 좋기만 할까요? 그녀들도 한때는 자신의 외모가 축복인 줄 여기던 시절이 있었을 겁니다. 자기 앞에 나열된 수많은 축복 중에서 마음에 드는 것을 고르기만 하면 그 행복이 자기 것이 되는 줄 알았던 시기도 있었을 것입니다. 그러나 예쁜 여자들의 미모는 비유하자면 '마이더스의 손'과 같다는 진실이 차츰차츰 드러납니다. 손대는 모든 것이 황금으로 변하는 게 반드시 좋은 건 아니라는 사실은 우리 모두가 알고 있습니다. 마찬가지로 어떤 행동을 하든 자신의 미모가 최우선적으로 감각되는 천재적 예쁜 여자들의 천재적 상태도 그저 좋기만 한 건 결코 아닙니다.

마음의 변장술

의심과 불안이 많은 예쁜 여자들은 자신의 주변에 보이지 않는 감정의 장막을 치려고 합니다. 겉보기에는 한없이 밝고 맑지만 내면의 본질은 음습한 예쁜 여자들도 상당수입니다. 이것은 예쁜 여자와 친해지기 어려운 이유와도 관련이 있습니다.

인터넷의 발전은 사람들 사이의 연결성을 혁명적으로 증가시켰습니다. 과거에는 존재조차 알지 못했을 예쁜 여자와도 사람들은 관계를 맺을 수 있게 되었습니다. SNS를 통해 쪽지를 보낼 수도 있고 그녀의 셀카 밑에 댓글을 달아볼 수도 있겠죠. 하지만 연결성이 높아졌다는 말이 친밀도의 상승을 의미하는 것은 아닙니다.

인터넷이 증대시킨 것은 '예쁜 여자와 옷깃을 스칠 수 있는 기회'일 뿐이지 감정적인 부분까지 담보해줄 수 있는 것은 아닙니다. 오히려 연결성이 높아질수록 예쁜 여자들의 불안한 마음은 더욱 깊어만 갑니다. 자신을 주목하는 시선이 더욱 많아졌기 때문이죠. 그래서 우리는 예쁜 여자를 찾아내기는 쉽지만 그녀들과 가까워지기는 더욱 어려운 구도로 진입하고 있습니다. 예쁜 여자와 친해지기 어려운 이유에 대해서 보통은 그녀들이 상류층과 비슷한 느낌을 자아내기 때문에 친해지기 어려운 것이라는 결론을 내립니다. 쉽게 말해 돈도 많고 차도 좋아야 친해질 수 있는 것 아니냐는 고정관념이 널리 퍼져 있는 것입니다. 전혀 맞는 부분이 없는 소리는 아니지만 이 견해는 사태의 겉면만을 본 것입니다.

진짜로 예쁜 여자와 친해지기가 어려운 이유는, 그녀들이 아름다운 겉모습의 안쪽에 초라하고 비루한 자기만의 진실을 꽁꽁 감춰두었기 때문입니다. 그 진실이 어찌나 소중한지 예쁜 여자들은 인간관계에 대한 열정이나 믿음을 갖기보다는 자신의 비밀을 지키는 것에 더 큰 가치를 부여합니다. 그러한 태도야말로 자신의 운명이 지금과 같은 형태로 배열된 이유라는 사실을 본인이 가장 잘 알고 있기 때문입니다. 화려하고 아름다운 색깔로 칠해져 있지만 내장재는 부실하기 짝이 없는 건물의 모습을 상상해 봅시다. 워낙 화려한 자태를 자랑해 지나가는 모든 사람들이 그 집을 칭찬합니다. 집주인은 누굴까 궁금해 하고 한번만이라도 저런 집에서 살아봤으면 좋겠다며 부러워합니다.

허나 막상 집주인은 비가 오고 바람이 불 때마다 걱정입니다. 당장이라도 집이 무너질까봐 노심초사합니다. 제멋대로 솟아오른 사람들의 기대치는 몹시 부담스럽지만 그래도 그 기대감을 무너뜨리기도 싫습니다. 그래서 집 밖으로 나갈 때는 언제나 웃는 얼굴을 만들어내고 어깨를 쫙 폅니다. 단, 사람들과 대화를 나눌 때 집 얘기는 웬만하면 피하려고 합니다. 내일 당장 집이 무너져 내리더라도 자존심은 지키고 싶으니까요. 진실한 인간관계보다 그 집의 화려함이 더욱 중요해지는 이상한 가치전도가 일어나게 되는 것입니다. 살짝 바람만 불어도 쓰러질 것만 같은 그 집의 상태가 바로 예쁜 여자의 마음입니다. 또한 본인의 화려함을 지켜내기 위해, 사람들의 기대치에 부응하기 위해 타인과의 거리를 만들고 그 간극만큼 혼자서 불안해 하는 게 예쁜 여자의 삶입니다.

이름은 프랑스인 같지만 사실은 영국 작가인 알랭 드 보통은 불안이라는 심리에 대해서 섬세한 묘사를 시도했습니다.

"우리의 에고나 자아상은 바람이 새는 풍선과 같아서, 늘 '외부의 사랑'이라는 헬륨을 집어넣어 주어야 하고, 무시라는 아주 작은 바늘에 취약하기 짝이 없다. 남의 관심 때문에 기운이 나고 무시 때문에 상처를 받는 자신을 보면, 이런 터무니없는 일이 어디 있나 싶어 정신이 번쩍 들기도 한다. 동료한 사람이 인사를 건성으로 하기만 해도, 연락을 했는데 아무런 답이 없기만 해도 우리 기분은 시커멓게 멍들어버린다. 누가 우리 이름을 기억해주고 과일 바구니라도 보내주면 갑

자기 인생이란 살 가치가 있는 것이라고 환희에 젖는다."

– 알랭 드 보통, 〈불안〉

예쁜 여자의 내면은 알랭 드 보통의 묘사보다 훨씬 더 나약하다고 봐도 틀리지 않습니다. 갖가지 비싼 화장품과 세련된 화장술로 얼굴을 치장하지만 그 껍데기 안에 들어 있는 것은 네 살짜리 아이 수준의 나약한 영혼일 뿐이라면? 다른 사람들은 아주 간단하게 해내는 타인과의 의사소통, 공감, 경청, 깊은 대화, 감정이입 중 어느 것도 예쁜 여자들에게는 쉽지가 않습니다. 그렇게 해본 경험이 부족하기 때문입니다. 그래서 가만히 앉은 채로 누군가 자신의 마음 안쪽을 기적처럼 건드려주기를 기다립니다.

불안이라는 감정과 끊임없는 싸움을 벌이면서.

황제의
식신법

제 3 장

황제의 식사법

　무한의 불안과 싸우며 살아야 하는 사람의 모습은 우리에게 어떤 이미지를 환기시킵니다. 철벽 같은 성 속에서 자기에게 아첨하는 사람들의 감언이설에 길들여진 어떤 존재. 그렇습니다. 예쁜 여자는 황제(皇帝)와도 닮은 점이 매우 많습니다. 겉보기엔 화려하지만 속은 불안으로 가득 차 있다는 아이러니. 옛 황제들이 하루 세 끼의 식사를 하는 과정 속에 그 슬픈 이중성은 극명히 드러나고 있습니다. 역사상 가장 오래 재위한 황제인 중국 건륭제를 기준으로 하면 황제가 한 끼 식사를 할 때 올랐던 음식의 종류는 통상 60~70종이었다고 합니다. 당연히 어선방(御膳房)이라는 전용 주방에서 만든 것이었고 여기에 4

명의 태비가 보내온 수십 가지 요리가 추가됐습니다. 한 입씩
만 먹어도 양이 적은 사람은 지쳐서 나가떨어졌을 것 같습니
다. 이 많은 음식은 통상 은그릇에 담겨있었습니다. 때가 됐다
싶으면 어린 내시들이 뚜껑을 열고 음식을 담아냅니다. 이때
은수저를 이용해 음식에 독이 있는지를 살피는 과정이 덧붙여
집니다. 조금이라도 이상한 징후가 발견되면 내시들이 먼저 음
식을 먹어봅니다. 그 순간에도 산해진미 진수성찬은 식어가고
있었겠지만 어쩔 수 없습니다. 황제의 입장에서는 한시도 경계
를 늦출 수 없는 문제인 것입니다. 황제가 시도 때도 없이 죽음
의 공포를 느끼는 것은 터무니없이 커다란 권력이 자신에게 집
중되어 있기 때문입니다. 그 권력을 얻기 위해 자신이 기울인
노력은 아무것도 없습니다. 그저 태어나 보니 그렇게 되어 있
었을 뿐입니다. 조금만 사리분별을 할 수 있을 정도로만 성장
을 해도 온 세상 모든 사람이 온전한 자기 자신이 아닌 '권력'
때문에 자기 앞에서 벌벌 긴다는 사실을 황제는 깨달았을 것입
니다. 그리고 그것 때문에 불안에 떨며 수도 없이 절망했을 것
입니다.

은수저를 기다리며

　이 모든 사고의 메커니즘은 예쁜 여자와 닮아 있습니다. 두 말할 것도 없이 권력의 하나로 작용하는 미모를 갖고 있는 여자의 경우에도 끊임없는 불안과 싸워야 하기 때문입니다. 심지어 예쁜 여자의 경우는 황제보다 상황이 더 암울합니다. 눈앞의 사람이 진정으로 자신을 사랑하는지, 아니면 그저 한때의 즐거움을 목적으로 접근하는지를 알아낼 방법은 없습니다. 황제에겐 은수저라도 있었기에 망정이지, 예쁜 여자에게는 나쁜 사람을 찾아낼 금속 같은 게 존재할 리도 없습니다. 하루 세 끼 정도가 아니라 24시간 내내 경계를 늦출 수 없습니다. 피상적인 관계에만 둘러싸인 채로 일생을 마감할지도 모른다는 공포감은 모든 예쁜 여자가 공유하는 정서의 하나입니다. 그렇기 때문에 자신에게 은수저가 될 수 있다고 판단되는 개체가 발견되는 즉시 예쁜 여자는 그것에 집착합니다.

　예쁜 여자는 그저 마냥 시크하고 쿨할 것만 같지만 실상을 알고 보면 전혀 그렇지 않습니다. 자신이 판단하기에 지켜야 할 가치가 있다고 생각하는 것이라면 평범한 사람의 곱절에 해당하는 집착을 보입니다. 이것은 세상 모든 환희에 둘러싸여 있는 것만 같은 그녀들의 속마음이 불안으로 가득 차 있기 때문입니다. 집착은 불안의 뒷면입니다.

예쁜 여자의 3단 변심

박경리의 〈토지〉에 등장하는 히로인 '최서희'는 한국문학 역사상 가장 도도하고 콧대 높은 캐릭터라고 할 수 있습니다. 두말할 것도 없이 예쁜 여자였던 그녀는 영리했고 당당했고 자존심도 강했습니다. 작가 박경리는 이 예쁜 여자를 묘사함에 있어서 정말로 정확했습니다. 최서희가 어떤 남자를 택했는지에 대해서 아주 현실적인 전개를 보여주었기 때문입니다. 서희는 자신의 머슴과 결혼했습니다. 이는 보통 사람의 고정관념으로는 쉽게 이해할 수 없는 일입니다.

하지만 예쁜 여자 최서희가 결국 자신의 은수저를 찾아낸 것이라고 가정한다면 그녀는 그녀답게 현명한 선택을 한 것이라고 말할 수 있습니다. 반드시 남녀관계에만 국한할 것도 없이, 아니 심지어 사람에만 국한할 것도 없이 예쁜 여자들은 은수저를 기다립니다. 사람이면 가장 좋겠지만 애완동물이든 종교든 자신의 불안을 없애주고 위험 앞에서 자신을 보호해줄 수 있는 구원의 메시아를 찾고자 하는 심정이 마음 속 어딘가에 반드시 있는 것입니다. 안쓰럽고 비극적인 풍경입니다. 또한, 그녀들이 떠안고 있는 불안이라는 심리상태를 고려하지 않으면 이해할 수 없는 장면입니다.

그녀를 웃겨라

  불안은 예쁜 여자가 숙명적으로 끌어안아야 하는 비극적 번뇌입니다. 극도로 복잡하고 개인적인 여러 가지 정황이 이 감정 안에 늘어서 있습니다. 무지막지하게 엉킨 실타래를 앞에 둔 것처럼, 대체 이걸 어떻게 해야 하나 막막한 느낌이 드는 것도 무리는 아닙니다. 어떤 문제를 해결하는 데에는 크게 두 가지 방법이 있습니다. 첫 번째는 '최선을 다해 문제가 던진 질문에 대답하려는 시도'입니다. 아주 상식적인 접근방법입니다. 그렇다면 두 번째 방법은 뭘까요? 문제 자체를 없애버리는 겁니다. 복잡다단한 감정의 미로에서 방황하던 예쁜 여자는 때때로 그 문제를 일일이 해결할 필요가 없을 정도로 확실하고 급진적인 대안을 비상구로 삼아 불안에서 도망치기를 시도합니다. 그 비상구의 표지판에는 '웃음'이라는 글자가 새겨져 있군요. 이 시점에서 한 가지 질문을 던져봅시다.

예쁜 여자와 결혼하는 비율이 가장 높은 직업은 무엇일까요? 정확한 답을 알 수는 없지만 개그맨은 꽤 높은 순위에 들 것 같습니다. 반드시 뛰어난 실력이나 인기를 얻고 있는 개그맨이 아니더라도 깜짝 놀랄 만큼 예쁜 여자에게 팔짱 걸린 채로 신랑 입장하는 장면을 우리는 이미 여러 번 봐온 터입니다. 여기에는 어떤 비밀이 숨어 있을까요? 이 문제에 대해 탐구하기 위해서는 '인간은 무엇을 위해 살아가는가?'라는 또 다른 질문에 대해 대답해볼 필요가 있습니다.

추상적인 질문 같지만 다행히 명쾌한 대답이 나와 있는 것 같군요. 우리는 감탄하기 위해서 삽니다. 이 결론은 스티브 잡스보다 위대한 우리 시대의 지성(!)이자 '여러 가지 문제 연구소 장'으로도 명성을 휘날리고 있는 김정운 교수의 주장이니 믿어 도 될 것 같습니다.

> "내가 지금 행복한 삶을 살고 있는가의 기준은 아주 간단하 다. 하루에 도대체 몇 번 감탄하는가다. 사회적 지위나 부 의 여부와 관계없다. 내가 아무리 높은 지위에 있다 할지라 도. 하루 종일 어떠한 감탄도 나오지 않는다면 그건 내 인생 이 아니다. 바로 그만두는 게 정신건강에 좋다. 내가 아무리 돈을 많이 벌어도 그 돈으로 매개된 감탄이 없다면, 그 돈은 내 것이 아니다."
>
> — 김정운, 〈나는 아내와의 결혼을 후회한다〉(2009)

비단 김정운 교수만이 아닙니다. 알고 보면 성욕 못지않게 웃음이라는 감정에도 커다란 관심을 보였던 프로이트 역시 〈 농담과 무의식의 관계〉를 통해서 "인간은 지치지 않고 즐거움 을 찾는 자다."라고 선언했습니다. 편안함을 추구하는 본성에 즐거움(감탄)을 추구하는 특성. 이 두 가지를 합치면 얼추 인간의 맨얼굴이 드러나는 듯도 싶습니다.

이렇게 되면 우리가 연애를 하고 사랑을 하는 이유도 아주 명료해집니다. 감탄하기 위해서입니다. 감탄의 한자어 표기는 '感歎'이지만 연애에 있어서만큼은 '感彈', 그러니까 '느낌의 총알'이라는 표현으로 바꿔도 좋을 것입니다.

상대방을 발견한 뒤 나의 모든 세계가 뒤흔들릴 정도의 총알세례를 받을 때 우리는 그 상황을 연애(사랑)라고 부릅니다. 스탕달 역시 정확하게 감탄이라는 감정을 콕 집어서 '연애를 시작하는 동기'라고 표현했습니다. 그런데 예쁜 여자는 태생적으로 이 감탄이라고 하는 감정과는 거리가 멀 수밖에 없습니다. 왜곡된 인간관계와 기이한 에너지로 점철된 예쁜 여자의 삶 자체가 워낙 스펙터클한 까닭입니다. 별의별 경험을 다하다 보니 역치가 높아져서 웬만한 자극에는 이제 놀라거나 감탄하지도 않게 돼버린 거죠.

처음에는 감탄스러웠던 뭇 남자들의 사랑고백도 계속해서 받다 보면 공통점이 발견되고 진부할 따름입니다. 진실한 눈동자로 사랑을 고백하는 남자들의 욕망 귀결점이 결국 한 곳으로 수렴된다는 사실에도 예쁜 여자들은 이미 익숙합니다. 그저 화려해보이기만 하는 그녀들은 사실 남자가 뭔지, 연애가 뭔지를 너무 빨리 알아버린 가련한 인생들이기도 합니다. 감탄에 둔감하다는 사실은 곧 예쁜 여자들이 보통 사람에 비해 행복하지 않다는 뜻이기도 합니다. 어린 시절에 들었던 〈웃지 않는 공주〉의 이야기를 기억하십니까? 전 세계적으로 수많은 버전이 존재하는 이 설정은 예쁜 여자에 대한 훌륭한 우화입니다. 모든 것을 다 가진 것처럼 보이는 공주가 정작 웃지 않았다는 사실. 따라서 그녀를 웃게 하는 것만으로도 왕위를 물려받을 자격이 있었다는 사실은 예쁜 여자에 대한 진실의 일부를 표상하는 것입니다.

그러나 아무리 감탄할 것이 고갈된 사람이라도 웃음에는 반응합니다. 아니, 오히려 그런 사람일수록 웃음에 목마릅니다. 기본적으로 웃음은 끊임없는 의외성을 그 바탕에 깔고 있는 까닭입니다. 바로 이 지점에서 개그맨들의 강점은 부각됩니다. 어떻게 하면 남을 웃길지, 어떻게 하면 통념을 뒤엎을 수 있을지를 매일같이 고민하는 게 개그맨들의 일입니다. 자기도 모르는 사이 예쁜 여자를 매혹할 수 있는 최후의 보루, 즉 웃음의 유혹을 연습하는 셈입니다. 개그가 갖고 있는 또 한 가지 강점은 청중을 가리지 않는다는 점입니다. 앞에 누가 있든 성역과 금기 없이 개그를 시도할 수 있어야 진정한 개그맨입니다. 평소였다면 말 한마디 건네지 못할 예쁜 여자 앞이라 해도 개그맨의 가면을 쓴 채로는 짓궂은 장난도 걸 수 있고 그 안에 내밀한 진심도 훨씬 삼키기 쉽게 건넬 수 있습니다. 예쁜 여자의 입장에서도 이는 의외의 각도에서 파고드는 기습공격처럼 느껴집니다. 여기에 몇 가지 우연적 요소들까지 잘 맞아떨어진다면 드디어 연애의 총알 한 방이 훌륭하게 발사될 수 있습니다. 자신과 코드가 맞는 개그를 구사하는 사람을 만남으로써 예쁜 여자는 비로소 감탄의 위대함을 체득합니다.

　거위가 태어나서 처음으로 발견한 물체를 어미로 각인한다는 말을 들어보신 적이 있을 겁니다. 예쁜 여자는 태어나서 처음으로 경험한 감탄의 주체, 즉 개그맨을 행복의 원천으로 각인합니다. 인생이 살 만한 것이었음을 그로 인해 깨닫게 되는 것입니다. 그러니 결혼이 대수겠습니까? 자신을 웃겨주는 남자 앞에서 예쁜 여자는 안전함을 느낍니다. 스스로를 감싸고 있는 불안의 에너지를 단번에 종식시켜 줄 구원의 암시를 봅니다. 개그맨들이 예쁜 여자와 결혼하는 이유입니다.

불행 앞에서의 평등

지금까지 예쁜 여자가 두르고 있는 특유의 불안에 대해 이야기해보았습니다. 예쁜 여자들만이 이 세상의 모든 불안을 독점하고 있다는 것은 아닙니다. 사람은 누구나 자신의 상황 속에서 자신만의 불행을 가지고 살아갑니다. 불안이라는 감정이 반드시 나쁜 것만은 아닙니다.

실존주의 철학자 키에르케고르는 불안에 대해서 '자유의 현기증'이라고 말했습니다. 자유가 있으면 불안도 있다는 것입니다. 자기만의 삶을 살기를 원하는 인간이라면 불안의 각서에도 함께 서명한 셈입니다. 불안을 메우기 위한 모든 시도가 흔히 발전과 번영으로 이어지는 것 또한 사실입니다. 키에르케고르의 말로 빗대어 설명한다면 예쁜 여자의 불안은 자유의 '후유증' 정도가 되지 않을까 싶습니다. 그녀들이 휘감고 있는 수많은 특권과 부러움에 대한 반작용으로 불안을 떠안을 수밖에 없다는 뜻입니다. 그 정도는 해도 되는 것 아니냐고 말할 수 있는 문제이지만, 어쨌든 예쁜 여자가 100% 행복한 인생을 사는 것은 아니라는 점을 인지하는 것이 중요하겠죠. 돈이 없는 사람에게는 돈이 없는 사람의 불안이, 건강하지 못한 사람에게는 건강하지 못한 사람의 불안이 있습니다.

다만 다른 모든 사람들이 느끼는 만큼 예쁜 여자도 불안하고 불행하다는 사실을 말하고 싶었습니다. 그녀들은 생각보다 행복하지 않습니다. 이 지점에서 우리는 한 가지 새로운 의문과 마주하게 됩니다. 왜 이제껏 우리는 그녀들을 불안조차 느끼지 않는 존재로 특별취급하고 있었을까요? 화려한 외모가 불안이라는 감정과 어울리지 않아 연상하기 힘든 것은 사실입니다. 하지만 단순히 '어울리지 않는다'는 고정관념 말고도 그녀들의 주변에 뭔가 더 독특한 에너지가 감돌고 있는 것은 아닐까요? 예쁜 여자를 둘러싸고 있는 주변의 움직임을 총체적으로 관찰할 때 우리는 예쁜 여자의 두 번째 비극에 근접하게 됩니다.

그녀들 자신의 의지와는 관계없이 촉발된 이 두 번째 비극의 이름은 파괴(destruction)입니다.

"예쁜 여자는 팜므 파탈(famme fatal)이 아닙니다.
그녀들은 팜므 파탄입니다."

제 2 막

파괴

제 1 장

너는 나를 파괴할 권리가 있다

나라의 경제가 어려울 때 가장 난감한 점은 그것이 개인(個人)의 가치를 경시한다는 점입니다. 대한민국의 경우도 그랬습니다. 1950~60년대만 해도 한국은 필리핀과 인도네시아, 심지어 북한보다도 못살았습니다. 당시 한국이 가지고 있었던 명성이라고 해봐야 지구상의 최빈곤국이라거나, 인구 대부분이 머리에 이(lice)가 있다거나 하는 비참한 종류밖에는 없었습니다. 불과 우리의 할아버지, 할머니 세대의 얘깁니다. 박정희 정권은 바로 이러한 상황에서 들어섰습니다. 이 정권은 가난을 타파하는 것을 국가적 목표로 삼았습니다. 그것은 대한민국이 '현재의 자유를 지불해서 미래의 자유를 청구'한다는 거대한 국가적 목표에 집중하기 시작했음을 의미합니다. 한 가지 천만다행인 것은 당시의 한국이 북한과는 근본적으로 다른 길을 선택했다는 점입니다. 똑같이 독재정권일지언정 전체주의정권이 들어선 북한에 비해 한국의 독재는 개인적 자유의 여지를 남겨두는 권위주의적 수준에서 그쳤던 것입니다. 전체주의와 권위주의의 차이는 작지만 큽니다. 지구에서 달로 우주선을 쏘아 올릴 때 0.1도만 계산이 틀려도 전혀 엉뚱한 방향으로 날아가는 것처럼, 초반에는 그다지 크게 느껴지지 않았던 이 차이가 남북한의 운명을 갈라놓았습니다. 적어도 남한 사회에는 개인이 스스로의 자유를 각성할 수 있는 여지가 남겨져 있었던 것입니다.

이 차이가 어떤 결과로 이어졌는지는 21세기 남한과 북한의 현실을 비교해보면 바로 알 수 있습니다. 아무리 국가가 나서서 새벽종을 울리고 새 아침을 밝힌들 경제발전은 결국 개인(個人)이 분발해야만 가능합니다. 역사의 주인공은 개인이지 집단(또는 국가)이 아닙니다.

　미국의 학자 매슬로(Maslow)의 '욕구 5단계설'은 심리학에서 가장 많이 인용되는 이론 중 하나입니다. 인간은 ① 생리적 욕구 ② 안전의 욕구 ③ 소속과 애정의 욕구 ④ 자존의 욕구 ⑤ 자기실현의 욕구 순서대로 가치를 추구한다는 얘깁니다. 얘기하는 사람들이 하도 많아서 이젠 그의 이름을 듣는 것만으로도 달팽이관이 너덜너덜해질 지경입니다만, 배고픔을 극복한 사람들이 보다 높은 목표 예를 들면 개인의 자유 같은 것을 추구하는 점만큼은 분명합니다.

　한국의 경우에도 더 이상 밥을 굶지 않아도 되는 상황이 실현되자 국가를 걷어낸 개인의 자아실현이 시작되었습니다. '자유'라고 하는 유산을 미래세대에게 상속하는 과정이 시작된 것입니다. 그 길목에 민주화가 있었고 정권교체가 있었습니다. 개인은 실질(實質)만이 아니라 명목(名目)에서도 점차 주인공의 지위에 올라서기 시작했습니다. 다양한 역사의 질곡을 거치면서 한국인들이 쟁취해낸 것은 '나'의 소중함입니다. 그 면면이 가장 직접적으로 드러난 곳은 다름 아닌 교육현장입니다. 빈곤의 질곡에서 벗어난 우리가 학교에서 배우는 것들은 이제 처음부터 끝까지 개인, 정확히 말하면 '나 자신'에 맞춰져 있습니다. 파독(派獨) 노동자의 눈물 어린 과거는 이미 지워졌습니다.

이제 우리는 오직 '나'만이 중요한 세상을 삽니다. 자유와 책임은 패키지처럼 붙어 다니는 가치임에도 불구하고 오늘날의 교육은 전자에만 치중합니다. 모두가 리더십을 말할 뿐 아무도 팔로어십(followership)을 가르치지 않습니다. 민주주의(民主主義)를 배우지만 해석은 자기주의(自己主義)로 합니다. 나의 자유는 자유이지만 너의 자유는 방종입니다.

리더십 과잉의 교육은 결국 자의식 과잉의 개인들을 양산했습니다. "세상의 넓음에 비하면 너는 아주 작은 존재일 뿐이고 세상은 너를 중심으로 돌아가지도 않아."라고 하는 명백한 현실의 조언을, 오늘날의 아이들은 스무 살이 넘을 때까지 단 한 번도 듣지 못하는 것입니다. 자신의 특별함에 대해서 그 누구도 의심하지 않습니다.

나는 특별해, 너는 평범해

이러한 방식으로 성인이 된 아이들의 내면은 당연히 외부세계와 차질을 빚습니다. 세상이 어른들을 중심으로 돌아간다는 사실을 도저히 이해하지 못하는 것입니다. 몸만 어른이지 마음은 아직도 응석받이인 이들을 종종 유혹하는 것은 어른들 세계의 욕망 결정체, 즉 정치권입니다. 젊은이들의 표가 필요한 정치인들은 2030세대 특유의 불안정한 심리를 마음껏 역이용해서 세를 획득하려 시도합니다.

"살기 힘들지? 우리 때는 취직이 이렇게 힘들지 않았는데. 꼰대들의 추악한 욕망 때문에 피해를 보는 너희들이 정말 불쌍해. 우리에게 권력을 주지 않을래? 이 문제를 당장 해결해줄게."

정치인들의 이러한 주장에는 논쟁의 여지가 있습니다. 일단 요즘 들어서 특히 취직이 힘들어졌다는 팩트부터가 그렇습니다. 민주화가 진행되던 무렵에 대학생활을 했던 이른바 386세대를 제외하면 평범한 집안에서 태어난 평범한 능력의 구직자에게 건국 이래로 취직은 언제나 어려웠습니다. 곰곰 생각해보면 당연한 일입니다만 '기득권'이라는 단어로 노동시장에 상존하는 수요-공급의 간극을 듣기 좋게 포장하면 일부 정치인들의 논리는 자신이 주인공인 시절만을 살아왔던 2030의 가슴에 손쉽게 안착합니다. 세간의 여론을 완벽하게 잠식한 청년실업의 비극에 대해서도 생각해볼 부분은 있습니다. 지금 이 순간에도 수도권 밖의 중소기업들은 인력난을 겪습니다. 그들은 청년실업이 어떻고 하는 얘기를 결코 믿을 수 없다고 탄식합니다. 그들에게 2030이란 애써 뽑아놓아도 언제든 이직할 준비가 되어 있는 존재들에 다름 아닙니다. 부모님을 감동시키고 친구들을 기선 제압할 수 있는 이름을 갖지 못한 기업체는 2030들과의 관계에서 철저한 을(乙)인 것입니다.

모두가 돈을 기준으로 재단된 최고만을 지향합니다. 언제할지도 모르는 이직을 고려해야 한다는 이유로 많은 2030은 '이름 없는 첫 직장'보다는 취업 재수를 선택합니다. 누군가는 쓰레기를 줍고 청소를 해야 하지만 아무도 그런 '쪽팔린' 일이 자기 몫이 될 수 있다고는 생각지 않습니다. 결국 현재 한국 사회 청년실업의 본질은 일자리 자체에 있지 않습니다. 일자리의 절대 숫자가 적다기보다는 '청년들이 원하는' 직장의 개수가 제한돼 있는 게 진짜 문제입니다. 동서고금을 막론하고 언제나 자원은 욕망보다 부족한 법이지만, 모두가 스스로의 소중함만을 중시할 뿐 전체를 보지 않기 때문에 이 본질은 망각되고 있습니다. 현세대의 사고방식에 대해서 깊게 고민해본 적이 없는 언론들이 가시적인 여론조사 결과만을 놓고서 '2030은 평등을 좋아한다.'고 결론 내리는 건 어불성설입니다. 천만의 말씀이고, 진실은 그 반대편에 있는 것입니다.

현재의 2030은 건국 이래 불평등에 가장 열광하는 세대입니다. 예쁜 여자에 대한 치열하다 못해 치밀한 추종은 그것을 잘 보여주는 사례입니다. 자신을 향해 환호하는 군중들을 내려다보는 시선으로 응시하며 여유 있게 손짓으로 화답해주는 상상. TV에서 생중계되는 연말 시상식에서 스타로 등극한 자신의 일대기를 반추하며 감격에 겨운 수상소감을 하는 모습을 한 번씩은 꿈꿔봤던 것이 현재의 2030입니다. 모두가 주인공이 된 자신을 상상할 뿐 누구도 익명의 군중으로 남고 싶지 않습니다. 자기와 똑같은 생각을 하는 2030들로 이 세상이 가득 차 있다는 사실을 오직 2030만 모릅니다. 모두가 특별하다는 말은 결국 아무도 특별하지 않다는 말의 동의어임을 깨닫지 못합니다. 모두가 옆에 있는 친구를 제치고 싶어 할 뿐 누구도 패배자가 되는 현실을 납득하려 하지 않습니다. 적어도 지금까지는 단 한번도 삶의 스포트라이트에서 이탈된 적이 없기 때문입니다. 앞으로도 자신이 주인공이 아닐 수도 있다는 생각은 장난으로도 해본 적이 없습니다. 그래서 학교를 졸업하고 나면 바다로 나온 나비처럼 현실이 너무 춥습니다. 현실과 망상의 차이를 서서히 인식하도록 도와주는 건 오로지 준엄하게 흐르는 시간밖에는 없습니다. 충분한 시간이 흘러야 비로소 깨닫는 것입니다. 내가 주인공이 되지 못할 수도 있겠다는 사실을. 낙담한 2030이 현실적으로 자신의 존재를 마음껏 증명할 수 있는 기회는 근근이 모은 돈과 부모님의 도움으로 떠난 해외여행 유적지에서 자신의 이름을 새기는 낙서를 해보는 정도로 정점을 찍습니다.

투덜이 스머프들의 천국

허나 그 여행이란 것도 가고 싶을 때마다 떠날 수 있는 것은 아닙니다. 물리적 여행은 전반적인 일상에 대한 복합적인 일탈을 제공하지만 비용이 많이 듭니다. 이러한 상황에서 훌륭한 차선책이 될 수 있는 것은 정신적 도피처, 즉 인터넷입니다. 인터넷은 일상의 단면들을 증폭시킴으로써 또 다른 의미의 일탈을 제공하는 것입니다.

어찌됐든 자신을 둘러싼 비루한 현실과는 거리가 있으니 매혹과 선망, 현실도피와 망상이 뒤섞인 심정으로 2030은 인터넷 익스플로러를 클릭하거나 스마트폰을 끊임없이 만지작거립니다. 이 책에서 인터넷의 좋은 점에 대해서만 언급할 수 없다는 점은 유감입니다. 그러나 모든 변화에는 어쩔 수 없이 악영향이 존재하는 법, 그것을 메우면서 더욱 큰 발전을 도모하는 것이야말로 진보의 메커니즘일 것입니다. 인터넷도 100% 좋은 영향을 수반할 수만은 없습니다. Wi-fi, HDTV, 스마트폰…. 최첨단 기술의 목록은 많지만 수많은 장점에도 불구하고 그것들이 공통적으로 수행하는 씁쓸한 (그러나 또 한편으로는 짜릿한) 역할이 하나 있습니다. 기존에 존재하던 신화를 낱낱이 파괴하는 일입니다. 정보의 전달이 너무도 효율적으로 진행되는 탓에 우리는 옛날이라면 모르고 넘어갔을 수도 있는 일들을 너무 많이 목격하고 있습니다. 오늘 아침 지하철 열차 한 칸에서 있었던 해프닝이 저녁쯤이면 온 국민의 관심사가 됩니다. 식당에서 벌어진 실랑이가 인터넷을 통해 증언되면 그 식당이 달고 있는 브랜드 전체가 타격을 입습니다. 일련의 사건은 우리 삶에서 차지하는 해프닝과 사건사고의 비중을 지나치게 큰 것으로 인식케 만드는 착시효과를 유발합니다. 이는 우리가 암묵적으로 만들어놓은 자발적 질서에 대한 신화를 파괴합니다. 그래서 '삶=투쟁'으로 해석했던 홉스 식의 현실만이 진리인 듯 인식케 만들고 있습니다.

비판자들의 천국이 되어버린 인터넷은 정치인, 경찰, 법원, 언론, 종교 등 기존에 권위를 가지고 있었던 세상 모든 집단의 신화를 부수고 있습니다. 그들 역시 욕망 앞에 무력한 인간의 하나일 뿐이라는 사실을 이제 우리는 너무도 생생하게 목격하고 있는 것입니다. 신화 파괴의 경향은 비단 현상적인 측면에서만 그치지 않습니다. 정신적인 측면에서도 우리의 신화는 낱

낱이 해석되고 파괴되고 있습니다. 일례로 예술가들은 점점 대중들을 매혹하기가 힘들어지고 있습니다. 그들이 창작과정에서 참고로 삼았던 자료들이 사방에 널려 있어 어떤 것을 시도해도 예전과 같은 갈채를 받기 힘들어졌기 때문입니다. 학자들 역시 난항을 겪기는 마찬가지입니다. 아무리 새로운 이론을 발표해도 하늘 아래 새로운 것은 없다는 사실을 우리 모두가 알고 있어 이제 더 이상 아인슈타인과 같은 압도적 천재의 출현은 힘들어졌습니다. 결국 신난 것은 우리 마음속의 회의주의자·비관주의자들입니다. 세상의 어떤 새로운 시도에 대해서도 조금의 노력만 기울이면 감탄의 감정을 박살낼 근거를 찾아낼 수 있는 것입니다. 낙관주의와 긍정적 사고방식은 점점 놀림감이 되어가고 있습니다. 팩트를 가장한 악담의 향연. 모든 인터넷 게시판의 관건은 누가 더 날카로운 비판을 제기하느냐의 싸움이 됩니다. 자기 말에 풀이 죽어버렸을 사람의 시무룩한 표정을 상상하며 익명의 리플러는 점점 악마가 되어갑니다. 어쩌면 날이 갈수록 파괴되어가는 자의식에 대한 보상을 그런 식으로 하고 있는지도 모릅니다.

우상의 블랙홀

그런데 세상 모든 권위가 조각조각 부서져도 결코 끝까지 부서지지 않는 권위가 하나 있습니다. 예쁜 여자입니다. 예쁜 여자만큼은, 오직 예쁜 여자만큼은 이 시대의 결점 없는 비너스요 완벽의 결정체로 남아 있는 것입니다. 논리와 팩트로 상황을 반전시킬 수 있는 다른 모든 것들과는 달리 예쁜 여자는 지지자들의 마음속에 100% 진실한 감동을 이끌어낸 상태입니다. 이 말초적인 감정은 예쁜 여자를 제외한 다른 어떤 분야에서도 느낄 수가 없는 것이므로 지지자들은 그 느낌에 아무런 의심도 품지 않고 전폭적으로 신뢰합니다. 더 이상 논쟁의 여지는 없으며 그 누구도 예쁜 여자의 가치를 손상시킬 수는 없습니다.

물론 일부 열등감을 폭발시키는 사람들이 없는 것은 아닙니다. 허나 예쁜 여자의 권위는 마치 예외로 인해 더욱 그 적합성을 증명 받는 명제와도 같습니다. 적들의 험담에 의해 그녀들의 완결성은 더욱 완벽하게 증명됩니다. 예쁜 여자는 자기 이외의 모든 우상을 파괴하며 오직 자기만을 숭배할 것을 강요하는 것 같아 보입니다. 운명도, 자유도, 평등도, 연애도, 자의식도 예쁜 여자 앞에서는 모두 덧없는 탁상공론처럼 여겨집니다. 예쁜 여자는 복잡성을 혐오하며 재론의 여지가 없는 명료한 명제를 요구하는 것 같습니다. 한마디로 '닥치고 찬사'입니다. 예쁜 여자에 대한 열광적인 반응은 늘 논쟁의 여지가 남는 지성의 영역보다 압도적입니다. 이로써 예쁜 여자는 현대사회에서 한층 더 위대한 존재가 됩니다.

자기 이외의 모든 우상을 빨아들이는 블랙홀이 된 예쁜 여자. 세계는 그녀들의 독무대로 변해가고 있습니다. 우리는 파괴된 자의식의 조각을 움켜쥐고서 예쁜 여자의 제단으로 웅성웅성 모여들고 있습니다. 사이버 창문에는 오늘의 주인공들, 즉 예쁜 여자의 얘기들이 가득합니다. 이는 우리들의 '불평등 지향성'이 잉태한 하나의 거대한 욕망시장입니다. 불평등의 현실에 지쳐서 선택한 인터넷에서 또 다른 불평등을 마주하는 꼴입니다. 자의식 과잉의 2030에게 예쁜 여자가 선사하는 일련의 파괴적 현실은 더 통렬하게 다가가야 마땅해보이지만 실상은 반대입니다.

그들은 예쁜 여자에 더 심하게 몰입하고 집착하는 방식으로 현재의 비극에 충실히 복무합니다. 우리 시대의 2030, 우리 시대의 소(小)황제들은 예쁜 여자를 바라보며 다시 한 번 어린 시절 누렸던 과거의 영광을 떠올리고 성공의 내일을 다짐합니다. 아직도 여전히 오로지 자신이 주인공이 될 생각뿐입니다. 이미 스스로가 주인공의 지위를 예쁜 여자에게로 토스시켰다는 사실을 깨닫지 못한 채로 말입니다. 외롭고 슬프고 웃긴 풍경입니다. 허나 예쁜 여자를 갖거나 예쁜 여자가 되는 일은 생각보다 간단하지 않습니다. 그 영광은 공짜가 아니며 예쁜 여자의 행복을 거머쥐고 싶다면 그에 상응하는 불행을 먼저 지불해야 합니다. 화폐의 단위는 '파괴'입니다. 예쁜 여자는 시간을 파괴하고 인생을 흠집 내며 자의식을 뒤흔드는 파탄의 여신임을 지금부터 증명해보이고자 합니다.

제 2 장

팜므 파탄

예쁜 여자에 의한 파괴의 양상은 성별에 따라 다른 패턴을 보입니다. 따라서 파괴에 대해 논할 때는 성별을 구분할 필요가 있습니다. 이것은 예쁜 여자가 유발하는 비극을 더욱 세밀하게 받아들이도록 도와줄 것입니다.

파괴의 대중화 — 남자

예쁜 여자로 인해 인생을 망친 남자의 사례는 숱하게 많습니다. 열거하는 것만으로도 책 한 권이 손쉽게 완성될 수 있고 실제로 그걸 시도한 작가도 있습니다. 역사와 신화 속의 다양한 사례가 궁금하다면 이명옥의 〈팜므 파탈〉을 참고할 수 있습니다. 붕괴되어가는 한 인간의 심층심리가 궁금하다면 알베르토 모라비아의 〈권태〉와 박범신의 〈은교〉를 읽어볼 수 있습니다. 최근의 케이스가 궁금하다면 오늘 배달된 신문의 사회면을 유심히 보면 됩니다. 사례는 많지만 결국 본질은 하나입니다.

> STEP 1 능력 있는 남자 A가 예쁜 여자 B를 만나 사랑에 빠진다.
> STEP 2 그런데 B와의 관계를 위해서는 C라는 대가를 반드시 치러야만 한다.
> STEP 3 정념에 불탄 A는 결국 C를 시도하고 그의 인생은 파탄 난다.

남자의 인생을 망가뜨리는 치명적으로 예쁜 여자를 우리는 팜므 파탈(femme fatale)이라 부릅니다. 이는 원래 '숙명의 여인'이라는 뜻입니다. 하지만 팜므 파탈을 둘러싸고 일어나는 실제의 사건들은 숙명과는 별 관계가 없습니다. A는 십중팔구 스스로 C를 선택했거나 최소한 그런 셈이나 다름없기 때문입니다. 세상에 공짜는 없다는 사실마저 잊게 만드는 것. 자기도 모르게 무리수를 던지게 만드는 것. 그게 바로 예쁜 여자의 저력입니다. 파괴를 부르는 존재들. 예쁜 여자는 팜므 파탈이 아닙니다. 그녀들은 '팜므 파탄'입니다.

　팜므 파탄을 둘러싼 또 하나의 본질은 그녀가 '능력자'하고만 스캔들을 일으킨다는 사실입니다. 힘이든 돈이든 뭐 하나라도 내세울 부분이 있어야 비로소 예쁜 여자 앞에 설 수 있습니다. 그런데 시간이 흐르고 기술이 발전하면서 이 부분이 미묘해졌습니다. 들릴라나 유디트, 살로메 등이 팜므 파탄으로서의 역할을 수행하던 때에 비하면 현대의 과학은 모든 사람을 '능력자'로 만들어주었기 때문이죠. 평생 기껏해야 400~500명가량의 소규모 공동체 안에서 올망졸망 살아가던 시대와는 격이 달라졌습니다. 지금은 방 안에 앉아서도 수천 명의 얼굴을 볼 수 있습니다. SNS를 이용하면 그들과 관계를 맺거나 최소한 그것을 시도할 수 있습니다. 현대의 평범한 사람들이 불과 몇 년 동안 구경할 수 있는 예쁜 여자의 숫자는 고대국가의 왕들이 평생 볼 수 있었던 숫자를 가볍게 뛰어넘습니다. 예쁜 여자들의 얼굴만 쳐다보고 있어도 시간은 얼마든지 지나가고 실제로 많은 사람들이 그렇게 하고 있습니다. 기술이 인간에게 그만큼의 능력을 부여했기 때문입니다. 그러나 아무리 기술이 최첨단으로 향상되어도 팜므 파탄의 본질적 측면을 상쇄시킬 수는 없습니다. 그녀들이 파괴를 부른다는 사실 말입니다. 기술력이 예쁜 여자에 대한 현대인의 접근성을 높였다면 그것은 곧 파괴의 가능성도 대중화되었다는 뜻입니다. 그 대중화의 최남단은 다시 한 번 인터넷입니다. 파탄의 하수인 노릇은 지금 이 순간에도 로딩 중인 것입니다. 남자들이 예쁜 여자 때문에 매일매일 모니터 앞에서 얼마나 많은 정력을 낭비하는지 안다면 여자들은 깜짝 놀랄 것입니다. 모니터 앞에서 맺는 예쁜 여자와의 관계에는 이전 시대에 없었던 한 가지 특징이 있습니다.

이 관계가 쌍방의 것이 아니라는 점입니다. 보는 입장에선 매일 보는 얼굴이니 친숙하게 느껴지지만 상대방은 그들의 존재조차 모릅니다. 오히려 그렇듯 일방적인 관계이기 때문에 일군의 남자들은 더욱 신나게 망상의 나래를 펼칠 수 있고, 이 망상이 마음 속 어두운 욕망과 결탁하면 집단 편집증이 됩니다. 사이버 공간만 놓고 보면 이미 이 사회는 집단 편집증에 깊이

빠진 상태라고 봐도 무방할 정도입니다. 사진을 올릴 수 있는 모든 인터넷 게시판에는 반드시 여자 연예인들에 대한 페티시적 담론이 오갑니다. 가슴과 엉덩이는 물론이고 쇄골과 골반에 대해서까지 정욕의 리플 달기를 주저 않는 남자들. 분위기가 서서히 그렇게 바뀌어가다 보니 옷깃에 핸드폰을 숨기고 지하철에서 치마 속을 찍어대는 사이코들의 뉴스에도 어느덧 익숙해져 더 이상 그 정도로는 아무도 충격 받지 않습니다. 예전처럼 인생 전체를 지불해야 하는 것은 아니지만 이러한 방식의 타락도 분명한 파괴고 자멸입니다. 남자들의 상상력을 채집할 수 있는 진공청소기가 있다면 단 하룻밤 동안만 작업을 해도 그 다음날 아침이면 아이폰급의 신제품을 매일 개발할 수 있을 것입니다. 그만큼의 잠재력을 떼어내 남자들은 자기 파괴의 노상으로 힘차게 전진하는 셈입니다.

파괴의 대중화 — 여자

예쁜 여자에 의한 파괴의 문제는 비단 남자들에게만 그치지 않습니다. 우리 모두는 능력자가 되었고 예쁜 여자에 대한 접근성이 높아진 것은 여자도 마찬가지입니다. 성인 비디오를 볼 때에는 여자들도 여배우부터 본다는 연구결과가 나와 있지만 예쁜 여자에 대해서는 동성의 여자들도 비상한 관심을 보입니다. 인생의 출발점부터 가속도가 잔뜩 붙어 있는 예쁜 것들. 그녀들은 무엇을 입고 무엇을 먹으며 어떤 생각을 할까? 경멸과 찬탄이 뒤섞인 시선으로 여자들은 끊임없이 관찰을 지속합니다. 언제, 어디에서 인터넷에 접속해도 실시간 검색어 10위권 내에는 반드시 예쁜 여자 누군가의 이름이 올라와 있습니다.

이것은 남자만이 아니라 여자까지 합작한 결과입니다. 예쁜 여자에 대한 끊임없는 관심과 찬사가 바깥으로 드러나면 그것은 순식간에 사회적 분위기를 바꿔놓습니다. 예쁜 여자에 대한 여자들의 내밀한 관심이 가만히 있던 평범한 여자들을 공격하게 되는 결과를 낳는 것입니다. 세상엔 이렇게 예쁜 여자도 있는데 당신은 뭐지? 그렇게 못생긴 상태로 가만히 자신을 내버려두는 이유가 뭐지? 무슨 자신감으로? "예쁘면 다 착하다."라는 말은 이미 기원전 600년에 그리스 여류시인 사포(Sappho)가 한 적이 있습니다만 요즘의 분위기는 이미 사포2.0입니다.

예쁜 게 착한 게 아니라 안 예쁜 게 범죄인 양 치부되는 분위기가 태생되었습니다. 소규모 원시사회였다면 충분히 예쁜 여자로서 살아갈 수 있었을 여자들도 요즘엔 못생긴 여자로 무시당하지 않기 위해 전전긍긍해야 합니다. 상황이 이러하니 성형수술이 여성들의 대안으로 지목되는 것은 당연한 귀결입니다. 오히려 그렇지 않은 편이 어색한 일 아닐까요? 특히나 한국 사회는 서로가 서로를 비교하고 남보다 잘되는 것을 인생의 근본적인 목표로 생각하는 특성을 갖고 있습니다. 이는 자연스럽게 성형수술에 대한 열광에 가까운 추종의 분위기를 구축해냈습니다.

다른 건 몰라도 성형수술만큼은 최고로 잘하는 데서 해야 해요.
여자의 일생이 걸린 문제잖아요?
꼭 기억하세요. 대한민국 성형지존 ○○○ 성형외과.

통찰력이라고는 약에 쓰려도 찾을 길 없는 이러한 멘트가 광고랍시고 시내버스에서 흘러나오는 게 지금 한국 사회의 모습입니다. 나른한 봄날, 한적한 버스 안에서 창밖의 벚꽃을 바라보며 계절의 순환을 상념하고 있는 당신에게 〈X파일〉 스컬리와 닮은 목소리의 어떤 성우가 여자의 일생 운운하며 저런 엄격한 멘트를 건넨다고 상상해보십시오. 테레사 수녀도 이 광고 앞에서는 가방 속 거울을 만지작거렸을지 모릅니다. 지금, 예쁜 여자라는 존재는 오직 상상 속에서만 존재할 수 있는 극단적인 완벽함을 들이대면서 여자들을 끊임없이 공격하고 있습니다. 안 그래도 태생적으로 근심걱정 많은 여성들의 영혼은 지금 이 순간에도 실시간으로 파괴당하는 것입니다. 팜므 파탈, 그러니까 예쁜 여자는 여자들에게도 팜므 파탄입니다.

남자는? 여자는?

　지금 남자들이 하고 있는 행동:

　예쁜 여자를 바라보며 자신이 단 한순간이라도 그녀를 가질 수 있기를 소망합니다. 이는 남자의 내면에서 품격을 빼앗아갑니다.

지금 여자들이 하고 있는 행동:

예쁜 여자를 바라보며 자신이 단 한순간이라도 그녀처럼 예쁘기를 소망하며 그렇지 못한 현재의 모습에 절망합니다. 이는 여자의 내면에서 생기와 자신감을 빼앗아갑니다.

범인은 이 안에 없다

온 국민이, 나아가 전 인류가 예쁜 여자에 몰입하는 이 상황. 피해자는 속출하는데, 가해자는 어디에 있을까요? 이 질문에 대답하다 보면 예쁜 여자를 둘러싼 파괴의 비극은 비로소 그 민낯을 드러내보입니다. 우리가 어린 시절 즐겨 보았던 추리소설이나 만화에는 한 가지 중요한 공식이 있습니다. 반드시 기존에 등장했던 인물들 중에서 범인이 존재해야 한다는 것입니다. 그래서 도저히 풀 수 없을 것으로 생각되었던 밀실 살인 사건의 범인을 알아냈을 때 우리의 주인공은 득의만면한 표정으로 "범인은 이 안에 있다!"고 일갈하는 것입니다. 예쁜 여자와 관련된 파괴의 비극을 살인에 견줄 정도는 아닙니다만, 대신 이 문제는 범인을 특정하기가 훨씬 어렵다는 단점이 있습니다. 파괴의 근원이 예쁜 여자에게 있으니 그녀들을 배척해야 할 것 같지만 지금까지 알아본 대로 예쁜 여자를 밀어낸다는 건 정말로 어려운 일입니다. 거기에서 한 걸음 더 나아가서 이 문제에 대해 고찰하다 보면 이 파괴의 비극에는 가해자가 아예 없다는 결론에 도달하게 됩니다. 우리가 당연히 예쁜 여자라고 생각하는 사람조차 알고 보면 파괴의 피해자로 시름하며 앞에서 언급한 고통을 그대로 받고 있습니다. 그것이야말로 이 문제의 가장 기묘한 점입니다.

호주의 한 잡지사가 최근에 시도한 속절없는 도전은 이 사실을 잘 보여줍니다. '세계 최고의 미녀 만들기'에 도전한 그들이 택한 방법은 아주 단순했습니다. 할리우드 미녀들의 얼굴에서 가장 아름다운 부분을 하나씩 추출해 새로운 얼굴을 창조한 것입니다. 하지만 그렇게 완성된 얼굴의 전반적인 느낌은 성형미인 그 이상도 이하도 아니었습니다. 일면 당연해 보이는 이 실험결과는 예쁜 여자에 대한 중요한 진실을 도출시킵니다. 그것은 바로 '세계 최고의 예쁜 여자', 즉 파괴의 진범이 존재하지 않는다는 사실입니다. 호주에서 시도된 것과 같은 조합형 미인은 성형외과 의사의 기준에서는 높은 점수를 받을지도 모릅니다. 그러나 예쁜 여자에게서 외모는 매우 중요하지만 그것이 전부는 아닙니다. 완벽한 이목구비를 가지고 있다해서 그녀가 완벽한 예쁜 여자가 된다는 보장은 전혀 없습니다. 그것들을 가지고서 어떠한 표정을 짓는지, 얼마나 자주 웃는지, 어떤 말투와 분위기를 갖고 있는지 등등의 변수가 확률적 복잡성에 뒤엉키기 때문입니다. 고려해야 할 요소가 많아질수록 객관성을 기하는 일은 불가능해집니다. 세계 최고의 미녀는 "이 여자가 최고다."라고 말하는 그 사람의 세계에서만 1등일 뿐입니다.

50만 번째로 예쁜 여자

예쁜 여자의 지위가 가변적이고 상대적이라는 사실을 밝히기 위해서는 한 가지 사고실험(思考實驗)을 해볼 수도 있습니다. 오직 50만 명의 예쁜 여자로만 구성된 국가가 있다고 상상해봅시다. 예쁘다는 이유만으로 자국에서 추방된 여성들에 의해 건국된 나라입니다. 당연히 한 사람 한 사람의 국민은 충분히 타인의 공분을 살 만한 미모의 소유자여야만 합니다. 그곳의 모습은 어떨까요? 50만 명이면 도시국가 룩셈부르크 정도의 규모입니다. 아무리 외모를 중점으로 구성된 집단이라 할지라도 이쯤 되는 나라가 굴러가려면 세분화된 역할분담이 필요해집니다. 누군가는 청소를 해야 합니다. 누군가는 공장에서 일해야 합니다. 또 누군가는 지도자가 되어야 합니다. 누군가는 연예인이 되어야 합니다. 그러다 보면 지금 우리가 살고 있는 사회와 똑같은 메커니즘이 튀어나오기 시작합니다. 지능, 학연, 지연 등의 조건과 함께 '외모'가 한 사람의 삶의 향방을 좌우하는 중요한 지표가 되는 시점이 온다는 말입니다. 미모순위 50만 등쯤에 해당하는 여자의 관점에서 이 나라를 바라본다면 어떨까요? 그녀 자신도 쫓겨나기 전에 살던 나라에서는 타인의 공분을 살 만큼 스포트라이트를 받던 입장이었습니다.

그런데 지금은 단지 자기보다 예쁜 여자가 49만 9,999명 더 있다는 이유만으로 추녀 취급을 받는 신세가 돼버렸습니다. 그럼 이제 질문을 던져봅시다. 과연 그녀를 예쁜 여자라고 부를 수 있을까요? 이 관념적인 실험은 예쁜 여자가 인간유형의 하나라기보다는 일종의 상태(state)를 의미한다는 점을 깨닫게 해줍니다. 점(點)이 아니라 선(線)입니다. 저량(stock)이 아니라 유량(flow)입니다. 50만 등의 여자는 예쁜 여자의 칭호를 박탈당할 수밖에 없습니다. 누구도 그녀의 면전에 대놓고 말을 하진 않겠지만 모든 사람이 그녀가 가장 덜 예쁘다는 점을 알고 있습니다. 그렇다면 대접이 전과 달라지는 것도 어쩔 수 없습니다. 이젠 이전에 살던 나라와는 완전히 다른 공기 속에서 살아가야 하는 것입니다. 가해자로 여겨졌던 사람이 한순간에 피해자가 되었습니다. 같은 패턴의 역전은 우리 삶 속에서도 계속 일어나고 있습니다.

눈이 예쁜 여자는 눈과 코가 동시에 예쁜 여자 앞에서는 주눅이 듭니다. 그러나 그녀도 '자연스럽게 예쁜 얼굴을 가진 여자' 앞에서는 2등일 뿐입니다. 얼굴도 예쁜데 전반적인 비율까지 완벽한 여자는 또 어떻습니까. 더 나아가 손과 발까지 모두 예쁜 여자가 있다면?

끝끝내 머리부터 발끝까지 눈부시게 아름다운 여자를 찾아냈다 한들 그녀보다 어린 여자는 지금 이 순간에도 태어나고 있습니다. 어린 여자는 예쁜 여자의 최종적인 숙적이며 심지어 '어리고 예쁜 여자'에 달하면 천하무적입니다. 세상 그 어떤 예쁜 여자도 어리고 예쁜 여자 앞에서 당당할 수는 없는 것입니다. 대다수의 여성들은 예쁜 여자들로 인해 안 받아도 될 스트레스를 받습니다. 하지만 제대로 마음을 먹고 대체 누가 가장 예쁜지, 누구 때문에 이 사달이 일어났는지를 추적하고자 시도해도 진범은 나오지 않습니다. 이 싸움에는 끝이 없으며 최종적인 가해자 없이 끊임없는 피해자만이 속출하는 형국입니다.

한 가지 차이가 있다면 일반적인 여자에 비해서 예쁜 여자는 이 파괴의 형벌을 더 격하게 감내해야 하는 운명에 처해 있다는 것입니다. 이유는 간단합니다. 애초부터 자신의 것이 아니었던 행복을 갈구하는 사람과, 거의 그 행복의 근처까지 갔다가 탈락된 사람 중 누구의 속이 더 쓰릴까요? 아이러니한 표현 같지만 모두에게 똑같이 다가가는 것처럼 보이는 예쁜 여자의 파괴는 알고 보면 예쁜 여자에게 더욱 통렬하게 다가갑니다. 미국에서 개발한 무인폭격기 드론(drone)처럼 그녀들만을 위해 정확한 타격력을 선보이는 것입니다.

파랑새는

어디에

제 3 장

파랑새는 어디에

로미오와 줄리엣의 숨겨진 진실

예쁜 여자의 지위는 절대적이지 않습니다. 아무리 예쁜 여자도 자기보다 더 예쁜 여자가 등장하면 승자의 지위를 넘겨줘야 합니다. 남들이 보기에는 아무리 완벽하게 예쁜 여자라도 자신의 아름다움을 순순히 인정하는 경우는 없습니다. 이것은 시답잖은 겸손의 발로가 아닙니다. 패배에 대한 그녀들의 공포감은 실재합니다. 그 감정의 크기는 실로 커다란 것이며 서로가 서로를 파괴하는 메커니즘을 더욱 공고히 합니다. 한때 예뻤던 여자가 자기보다 더 예쁜 여자에게 그 지위를 빼앗기는 과정이 얼마나 쏜살같이 진행되는지는 셰익스피어의 명작 〈로미오와 줄리엣〉에서도 여실히 드러납니다. 이 작품은 셰익스피어의 4대 비극 안에는 들어가지 않습니다. 원수로 지내는 두 집안의 반대에 부딪힌 청춘남녀가 사랑에 빠져 목숨마저 버리는 이 비극적 사건이 어째서 4대 비극 안에는 들어가지 못한 것일까요? 플롯의 외형만 보면 비극의 요소를 다분히 띠고 있지만 막상 읽어보면 안 그렇습니다. 이 작품에서 절망이 차지하는 지분은 그야말로 제로. 전혀 없습니다. 작품을 시작하는 방식부터가 그렇습니다. 극작가 셰익스피어는 이 작품을 소설이 아닌 희곡으로 집필했습니다. 막이 올라가면 가장 먼저 등장하는 인물은 로미오도 줄리엣도 아닌 '해설자'입니다.

(전략)
그들은 불운하고 불쌍하게 파멸하며
부모들의 싸움을 죽음으로 묻었도다.
죽음표가 붙은 이 사랑의 두려운 여정과
계속되는 부모들의 격렬한 분노를
자식들의 최후밖엔 아무것도 못 막는데

그 내용을 두어 시간 무대 위에 펼치오니

여러분이 인내하며 귀 기울여주시면

여기서 잘못된 건 열심히 고쳐보겠나이다.

(퇴장)

셰익스피어는 해설자를 등장시켜 이 이야기가 결국 주인공 두 사람의 죽음으로 귀결될 것을 의도적으로 폭로합니다. 그로써 관객들은 죽음이라는 결과가 아니라 그들이 만들어가는 연애의 과정 하나하나에 포커스를 맞추게 되는 것입니다. 과연 그들은 '어떻게' 죽을 것인가? 관객들은 육체적 결말보다는 정신적 과정에 주목할 것을 다짐하며, 70%의 다크초콜릿을 혀로 녹이는 달콤쌉싸름한 러브스토리를 아무런 부담 없이 즐길 수 있게 됩니다.

이 작품은 불과 5일 동안에 일어난 일을 다루고 있습니다. 1일차 만남. 2일차 둘만의 결혼. 3일차 로미오의 살인. 4일차 야반도주. 5일차 죽음. 끝입니다. 비극적인 분위기라고는 조금도 낄 틈이 없는 익스트림 러브 하이웨이인 것입니다. 그러나 5일짜리가 도달할 수 있는 사랑의 깊이는 어느 정도일까요. 이 작품에는 전면에 드러나지 않는 주요 인물이 한 명 더 있습니다. 로미오의 첫사랑, 로잘린입니다. 줄리엣을 처음 만난 파티장에 갔을 때 로미오는 로잘린에 빠져 있는 상태였습니다. 1막에서 처음으로 등장할 때 로미오는 슬픔에 잠겨 있는데 그 이유는 '사랑하는 사람의 마음을 못 얻어서'입니다. 여기에서의 사랑하는 사람은 로잘린입니다. 로미오는 친구인 벤볼리오를 향해 로잘린의 아름다움을 끊임없이 찬미하며 영원한 사랑을 맹세합니다. 파티장에 간 이유도 그곳에 로잘린이 있다는 정보를 입수했기 때문입니다. 어떤 미녀를 보더라도 로잘린의 병풍에 불과할 것이라던 로미오의 장담은, 그러나 줄리엣을 발견한 즉시 산산조각 나버리고 맙니다.

내가 사랑했었던가? 시각이여 부인하라.
진정한 아름다움 이 밤에야 봤으니까.

로미오는 예쁜 여자 앞에 선 우리의 대표입니다. 우리 모두가 예쁜 여자를 발견하면 그동안의 인생을 부인하고 그녀라는 이름의 새로운 군주에게 충성할 것을 서약하는 것입니다. 하지만 이 모든 사건이 일어나는 동안에 로잘린은 대체 어떤 심정이었을까요? 작품 속에서 로미오의 친구들이 로잘린의 이름을 계속 거론하는 걸 보면 로미오가 로잘린을 사랑하고 있었다는 건 이미 널리 알려진 사실로 추정됩니다. 자기를 보러 파티장에 나타난다는 것도 미리 알고 있었겠죠. 로잘린은 줄리엣과 같은 캐퓰렛 집안사람이고, 말하자면 줄리엣의 사촌 언니쯤 되는 입장이었으니까요. 로미오의 마음을 받아주든 말든 그건 나중에 고민하더라도 일단은 옷차림에도 신경을 썼을 텐데, 바로 그 현장에서 로미오는 자기보다 어린 여자인 줄리엣에게 키스를 한 겁니다. 이것은 그때까지 베로나 최고의 예쁜 여자였던 로잘린의 자존심이 박살나는 순간입니다. 나아가 이 세상 모든 예쁜 여자들이 꿈에도 맞닥뜨리고 싶지 않은 바로 그 순간이기도 하죠. 50만 번째로 예쁜 여자가 되어버린 겁니다. 차라리 처음부터 예쁜 여자가 아니었다면 좀 나았을지도 모르겠습니다만, 한 번 올라섰던 무대에서 밀려나는 경험은 정말로 수치스러웠을 겁니다.

셰익스피어가 로잘린을 단 한 번도 무대에 등장시키지 않는 이유는 파괴당한 예쁜 여자 로잘린의 등장만으로도 작품이 비극으로 변질되기 때문이었을지도 모릅니다. 〈로미오와 줄리엣〉은 비극이 아니지만 〈로미오와 로잘린〉은 명백한 비극입니다. 철없는 로미오는 자기가 무슨 짓을 했는지도 모릅니다. 5일 동안 격렬하게 치닫는 사랑을 해야 하니 상념의 시간 따위는 부족했겠죠. 과거의 데이터를 모두 포맷해버린 컴퓨터처럼 새로운 줄리엣을 발견한 뒤부터 로미오의 인생은 이전과는 전혀 다른 패턴으로 펼쳐집니다.

만약 로미오가 티볼트를 죽이지 않았더라면 어땠을까요? 그랬다면 로미오는 베로나 밖으로 추방당할 일도 없었을 것이고, 궁극적으로 두 사람이 죽는 일도 일어나지 않았을 겁니다. 집안의 반대가 심했으니 로렌스 신부의 주례로 둘만의 결혼을 했을 수는 있겠군요. 하지만 로미오의 행태로 미루어 짐작하건대 결혼생활 중에 줄리엣보다 예쁜 여자를 다시 한 번 발견할 가능성이 높지 않았을까요? 새로운 여자를 발견한 즉시 '진정한 아름다움 이제야 봤다'며 줄리엣에게 사랑을 맹세했던 자신의 '시각을 부인'하고도 남음이 있는 녀석이 아닐까 합니다. 그나마 5일짜리 치기 어린 사랑으로 끝났기 때문에 줄리엣으로서는 한 번의 강렬한 파괴를 아낀 셈이죠. 〈로미오와 줄리엣〉은 셰익스피어가 창조한 작품 안의 세계이므로 여기에 너무 몰입해봐야 별다른 의미가 없다고 생각하시는 분이 있을지도 모르겠습니다. 이야기에 현실감을 좀 더 붙여볼까요? 〈위대한 개츠비〉를 쓴 작가 F. 스콧 피츠제럴드의 인생 역시 예쁜 여자의 파괴와 관련된 시사점을 가지고 있습니다. 한순간의 판단도 없고 집안의 반대도 없습니다. 그야말로 리얼 러브 스토리의 표본이 되겠습니다.

피츠제럴드식(式) 사랑의 뒷이야기

피츠제럴드라고 하면 여전히 세련되고 여유 있는 문체의 상징 같은 존재로 남아 있습니다. 때는 대공황의 직전, 30인조 빅밴드가 연주하는 스윙 재즈가 시대의 배경음악처럼 넘실거리는 그 시절에 "탐욕은 좋은 것(Greed Is Good)이다."라는 명제를 의심하는 사람은 아무도 없었습니다. 피츠제럴드는 이 무렵 청춘들의 사랑을 인상적으로 그려냄으로써 현시대의 사람들에게까지 커다란 영감을 주고 있는 위대한 작가입니다.

노벨문학상 가시권에 근접한 〈1Q84〉의 작가 무라카미 하루키(村上春樹)는 "위대한 개츠비를 세 번 읽은 사람은 나와 친구가 될 수 있다."고 말하기도 했죠. 실제로 두 사람의 문체는 닮은 부분이 많습니다.

그런데 바로 이 피츠제럴드가 예쁜 여자에 목숨을 건 남자였다는 사실을 아는 사람은 얼마나 될까요. 그가 자기 주변의 예쁜 여자들에게 적극적인 구애를 펼치는 장면을 상상하노라면 작품의 세련됨과는 괴리를 느끼게 됩니다. 심지어 그 구애를 거절당하는 장면이라면 아예 상상하고 싶지도 않죠. 그러나 실제로 있었던 일입니다. 그가 18세에 만난 여자 지니브러 킹은 가난하다는 이유로 피츠제럴드의 구애를 거절했습니다. 22세에는 당시 사교계의 꽃이었던 젤다 세이어를 만나 청혼하지만 이번에도 그는 거절당합니다. 피츠제럴드의 미래가 불투명하다는 게 이유였습니다. 적잖이 상처받고 적잖이 파괴당했겠죠? 하지만 다행히 운명은 그의 편이었습니다. 상심한 피츠제럴드는 일에 몰두하고 결국 〈낙원의 이쪽〉으로 스타덤에 오릅니다.

그러고 나니 젤다 세이어는 표정을 바꿔 그의 청혼을 받아들였습니다. 피츠제럴드 부부는 돈을 펑펑 써대며 셀러브리티 2인조로서의 삶을 만끽했지만, 그러려면 피츠제럴드의 창의성이 지속적으로 필요했습니다. 그는 일생 동안 수많은 단편소설을 필사적으로 창작했습니다. 단행본이든 잡지든 돈만 된다면 끊임없이 일을 했죠. 그의 깔끔한 문체 뒤에는 이렇듯 비루하고 처절한 사연이 숨겨져 있었던 것입니다. 젤다 세이어가 예쁜 여자였다는 점에는 별로 의심의 여지가 없어보입니다. 여성에 대한 보수적인 분위기가 남아 있는 가운데서도 젤다는 자신의 아름다움을 드러내는 데 주저함이 없었습니다. 바로 이 특별함이 남자들의 환심을 샀던 것으로 보입니다. 그녀의 다음 한 마디는 아름다움을 전략적으로 이용하는 예쁜 여자의 단면을 잘 보여줍니다.

"연지와 분은 여자들이 스스로의 운명을 선택하는 방법, 그러니까 삶이라는 거대한 게임에서 경쟁하여 승리하는 한 방법이다."

현대인들조차 '화장발'에 대한 일종의 죄책감을 갖고 있음을 감안한다면 참으로 전위적인 주장이라 하겠습니다. 뿐만 아니라 이 말 속에는 예쁜 여자인 젤다의 세계관이 드러나 있기도 합니다. 삶을 하나의 게임으로 바라보는 그녀는 사랑 역시 승패가 존재하는 게임으로 해석했을 확률이 높습니다. 그녀는 살색 수영복을 입고 풀에 등장해 사람들을 경악시킨 에피소드로도 유명했는데요. 어쩌면 그건 그렇게라도 해서 관심의 중심을 자신에게 머무르도록 하려는 처절한 시도는 아니었을까요? 허나 이 시도마저 궁극적으로는 파탄의 몸부림, 파괴의 춤에 지나지 않았습니다. 피츠제럴드는 젤다와 백년해로하지 않았으며 결국 다른 여자를 찾아 나섰거든요. 젤다는 당당한 여자니까 피츠제럴드의 변심 따위에는 아랑곳없이 꿋꿋하게 살아나갈 수 있었을까요? 대공황 직전의 예쁜 여자답게 젤다에게서 돈에 대한 숭배의식과 약간의 속물근성이 엿보인 것은 사실입니다.

바로 이 점이 피츠제럴드의 삶을 고단하게 만든 부분이죠. 하지만 속물이라고 해서 인간이 아닌 것은 아닙니다. 사람은 누구나 상대에게 거절당할까봐 두려워하는 마음을 가지고 있습니다. 아무리 당당한 여자라 해도 한때 그토록 절실했던 피츠제럴드의 변심이 통렬하지 않았을 리는 없겠죠. 그녀의 절망적 감정은 (비록 픽션이지만) 질 르루아의 소설 〈앨라배마 송〉을 통해서 어느 정도 추측할 수 있습니다. 피츠제럴드와 젤다의 사랑이야기에서 더 행복한 사람은 누구였을까요? 겉으로만 보면 둘의 러브스토리는 콧대 높은 예쁜 여자 젤다에게 피츠제럴드가 고생한 얘기처럼 보이기도 합니다. 그러나 젤다의 지나치리만치 솔직한 반응이 있었기에 피츠제럴드는 더욱 분발할 수 있었고 역사적인 작가가 될 수도 있었겠죠. 결과론적인 얘기지만 인간이라는 존재가 그렇게 열심히 뛰고 분발하는 과정에서 더 큰 행복을 느끼는 것만큼은 사실입니다.

경제학자 토드 부크홀츠가 〈RUSH〉에서 밝혔듯 숨이 턱까지 차오를 정도로 달리고 경쟁하는 과정은 인생의 중요한 부분이죠. 피츠제럴드 역시 한 번뿐인 인생을 남김없이 불태운 행복한 삶을 살았다고 볼 수 있습니다. 그토록 갈구하던 젤다의 사랑을 얻었고, 그 사랑이 식은 뒤에는 아마도 젤다 이상으로 예뻤을 다른 여자를 향해 달려나가기도 했으니까요. 젤다와의 사랑이 고단하고 힘들었던 건 사실이지만 피츠제럴드가 당한 파괴는 자신이 이룩한 성취로 상쇄할 수 있습니다.

젤다의 경우는 그렇지 않죠. 나름대로 순간순간 올바른 판단을 내리려 노력했겠지만 어쨌든 자신을 원했던 피츠제럴드는 사랑의 끝과 함께 떠나갔습니다. 젤다는 피츠제럴드와 헤어지기 7년 전부터 신경쇠약 증세를 보였습니다. 그리고 결국은 피츠제럴드와의 이별 10여년 후에 병원에서 화재로 사망했습니다. 아무리 너그럽게 봐줘도 피츠제럴드보다는 불행한 인생이 아니었나 싶습니다. 모든 사례의 끝에서 우리가 내릴 수 있는 결론은 한 가지로 수렴됩니다.

예쁜 여자를 향한 파괴적인 추종은 결국 예쁜 여자에게 압도적으로 불리한 비극적 기제라는 점이죠. 아무리 예쁜 여자가 세상 모든 부귀영화를 다 가진 것처럼 보여도 끝에 가서 패배하는 건 그녀들 자신이라는 불편한 진실. 끊임없이 더 예쁜 여자가 되기 위해 몸부림 쳐봐야 누워서 침 뱉는 격밖에 안되지만, 예쁜 여자의 범주에 포함된 순간 주사위는 던져진 셈이기 때문에 어떤 예쁜 여자도 이 비극의 질곡에서 벗어날 수는 없습니다.

행복을 찾아서

궁극적으로 모든 것은 마음의 문제입니다. 예쁜 여자와 관련된 모든 파괴의 원인은 또 다른 예쁜 여자, 그러니까 팜므 파탈 그 자체에 있는 것이 아니라 파괴당하는 사람의 심리 속에 존재한다는 것이죠. 누가 봐도 파괴의 퍼레이드임에도 불구하고 지금 이 순간 조금이라도 더 예쁜 여자를 추구하는 모든 사람들은 '행복'을 거론합니다. 예쁜 여자라는 외부의 존재가 자신에게 행복을 가져다줄 수 있으리라고 기대하는 것이죠. 이 말은 어디까지 진실일까요. 문득 떠오르는 것은 벨기에 작가 모리스 마테를링크(Maurice Maeterlinck)의 동화 〈파랑새〉입니다.

이 작품은 나이를 먹을수록 훌륭한 우화로 느껴집니다. 결국 우리는 가까이에 있는 것의 소중함도 막심한 고생을 하고 나서야 깨닫게 됨을 이 이야기가 정확히 지적하고 있기 때문입니다. 이야기 속 치르치르와 미치르가 파랑새를 결국 집안에서 찾아냈듯 우리를 실시간으로 파탄내는 주범도 우리의 마음속에 있는 셈입니다. 아무리 예쁜 여자에게 화를 내고 책임을 추궁한들 어느 일군의 나쁜 사람들이 악의적인 의도를 가지고 파괴를 하는 건 아닙니다. 그 사람들 역시 나름대로의 질곡에서 고통 받는 불쌍한 존재에 불과합니다. 가해자인 동시에 피해자인 것이 예쁜 여자들의 본질입니다.

19세기 사람들이 예쁜 여자에게 팜므 파탈이라는 딱지를 붙인 이유는 그녀들로 인해서 인생을 망치는 사람들의 피해를 막기 위해서였습니다. 마녀사냥을 하면 수요가 줄어들 거라고 판단했던 것입니다. 허나 술 때문에 인생을 망친 사람들이 있다고 해서 술에게 잘못이 있는 것은 아닙니다. 예쁜 여자가 파괴의 감성을 널리 퍼뜨리는 것만은 사실이지만 그 책임을 예쁜 여자에게 돌릴 수는 없습니다. 오히려 지금 예쁜 여자는 오해와 고정관념으로 뒤덮인 허상의 이미지 속에서 누명을 쓰고 있다는 점을 알아야 합니다. 대다수의 사람들이 가지고 있는 단단한 편견 속에서 그녀들은 점점 속마음을 말하기 힘들어집니다. 내면의 껍질 안으로 깊이깊이 들어간 예쁜 여자들의 쓸쓸한 발걸음은, 마침내 예쁜 여자의 세 번째 비극으로 이어집니다. 예쁜 여자를 둘러싼 세 번째 비극의 이름은 고독(solitude)입니다.

"지금 이 순간에도 세상에 상처 받은 예쁜 여자들은
자기만의 고유한 고독의 방 안에 갇혀 있습니다."

제 3 막

고독

유명하지
않은약자

제 1 장

유명하지 않은 약자

당신은 환생을 믿으십니까? 인간이 죽고 난 뒤 어떻게 되는지에 대해서 믿는 사람은 있어도 아는 사람은 없습니다. 그런데 만약 정말로 환생이라는 게 있어서 지금의 삶을 마치고 난 뒤에도 이 세상에 다시 태어날 수 있는 거라면 몇 번을 다시 태어나도 남자였으면 하고 바랄 때가 많습니다. 이것은 남성으로서의 삶이 좋아서라기보다는 여성으로서의 삶에 리스크와 제약이 너무 많기 때문입니다. 여성들은 아주 오래 전부터 성별을 빌미로 한 편견적 주장에 시달려왔습니다. 지금 들어보면 누구라도 단번에 미친 소리임을 확언할 수 있을 의견들이 불과 20세기 초까지만 해도 진지하게 개진되었습니다. 그것도 저기 어디쯤의 한가로운 마초들이 아니라 배울 만큼 배운 과학자들 사이에서 개진되었죠. 다윈의 진화론도 이러한 현상에 악용된 적이 있습니다. 진화론은 생물학계 전반과 인류의 지성에 일대 파란을 가져온 위대한 발견이었습니다. 하지만 한편으로 진화 (evolution)에 대한 오해는 종종 인간에 대한 기존의 편견을 확대 재생산하는 데 의도적으로 이용되기도 했습니다. 수많은 예가 있지만 다윈의 사촌동생이자 근대 통계학의 선구자인 프랜시스 골턴(Francis Galton, 1822~1911)의 사례는 우리의 주제와도 부합하는 측면이 있습니다. 우생학(eugenics)이라는 말을 만들어낸 장본인이기도 한 골턴은 영국의 방방곡곡을 싸돌아 다니는 과학적 관찰(!)의 수고를 자처한 뒤 "런던이 미인 순위에서 최고이며 애버딘이 꼴찌다."라는 결과를 발표했습니다.

뭘 하자는 건지 도무지 알 수 없는 연구결과지만 과학적 명분을 전면에 내세운 그의 태도는 사뭇 진지했습니다. '측정할 수 있는 것 = 유전되는 것'이라고 생각했던 그에게 여성은 그저 통제 가능하고 정량화된 미모를 제공하는 피사체에 불과했는지 모릅니다. 요즘 세상에 이런 얘기를 했다간 대중들의 뇌리로부터 영구 제명을 당할 것임에 틀림없지만, 어쨌든 그는 그렇게 했습니다. 그렇다고 해서 골턴에게 너무 많은 비난의 화살을 집중시키는 건 형평성에 어긋날 것 같습니다. 특정 기준으로 인간집단을 구획하는 것. 그리고 어느 한쪽이 다른 한쪽보다 존재론적 차원에서 우월하다는 결론을 내리는 것. 이와 같은 식의 편견은 누구 하나 예외라고 할 것 없이 아주 오랫동안 만연해 있었기 때문입니다.

"백인과 흑인 사이에는 육체적 차이가 있기 때문에 사회적 · 정치적 평등의 이름 아래 함께 생활하는 것은 영구히 불가능할 것이다. 그들이 그렇게 살 수 없는 한, 그리고 함께 할 수 없는 한 우열의 위치가 존재할 수밖에 없다는 것은 분명하다. 다른 사람들과 마찬가지로 나 역시 백인에게 우월한 위치를 부여하는 것을 지지한다."

혹독하긴 하지만 너무 진부한 편견인가요? 하긴 요즘엔 KKK 단원도 이것보다는 참신한 주장을 할 것 같습니다. 하지만 이 말을 한 사람이 에이브러햄 링컨(Abraham Lincoln)이라는 점을 밝힌다면 어떨까요? 남북전쟁을 통해 탁월한 실적을 올린 흑인 병사들을 보며 크게 감명 받은 링컨의 행보는 결국 노예제 폐지로 이어졌습니다. 그리고 그것은 위대한 일이었습니다. 하지만 링컨 역시 차별이 만연해 있었던 당시의 야박한 감수성에서 완전히 자유롭지는 못했습니다. 그땐 다들 그랬다는 얘기입니다. 그래도 흑인은 점진적으로나마 오랜 시간 드리워져 있었던 차별의 그늘을 벗어던질 수 있었습니다. 불행중 다행으로 그들은 유명한 약자(the famous weak)였던 것입니다. 이제 흑인에 대해서는 정치적으로 올바른 단어와 올바르지 않은 단어가 정해져 있을 정도입니다. 그만큼 인종을 기준으로 사람을 차별해선 안된다는 논리는 완벽한 정당성을 획득했습니다. 하지만 여성의 경우는 조금 다릅니다. 흑인에 비해서 그들은 훨씬 교묘하게 차별을 받아왔습니다. 그들은 '유명하지 않은' 약자인 것입니다. 미국 케이블TV HBO에서 방영된 드라마 〈보드워크 엠파이어(Board- walk Empire)〉에는 여성에게 최초로 참정권이 주어지던 20세기 초반, 자유의 나라 미국인들의 생각이 어떠했는지가 적나라하게 드러나고 있습니다.

톰슨: 여성의 표도 똑같은 표니까요. 도움이 될 겁니다.

준장: 정말 그럴까?(식모 루앤을 부른다.)

루앤: 준장님, 무엇을 도와드릴까요?

준장: 여기 계신 톰슨 씨에게 국제연맹에 대한 너의 생각을
　　　 얘기해봐.

루앤: 네?

준장: 지난주에 파리에서 아주 큰 회의가 있었잖아. 거기에
　　　 대한 생각을 얘기해보라고.

루앤: 전 그게 뭔지 잘 몰라요.

준장: 그럼 헤러데이 법안에 대해선 어떻게 생각해?

루앤: 홀리데이요?

준장: 헤러데이. 은행이 지사를 설립할 수 있게 하는 법안
　　　 말이야.

루앤: 죄송해요 준장님. 전 이런 일은 잘 몰라요.

준장: 당연하지. 내 요강이나 비우는 주제에.

－ HBO, 〈보드워크 엠파이어〉

　여성에 대한 탄압과 무시는 아주 길고 깊은 역사를 가지고 있
습니다. 그럼에도 불구하고 그녀들이 약자라는 사실이 충분히

유명하지 않았던 데에는 그만한 이유가 있습니다. 전체 여성 집단 내에서 차지하는 비율은 매우 작음에도 불구하고 지나치게 유명한 예외적 존재들이 논의의 균형성을 해쳤기 때문입니다. 그 유명한 예외(the famous exception)의 이름은 다름 아닌 예쁜 여자입니다. 동서고금을 막론하고 예쁜 여자로 인하여 인생이 파탄지경에 이른 사람들은 언제나 있었습니다. 그들에게 여성이 약자라는 논리는 전혀 사실이 아니었습니다. 오히려 예쁜 여자야말로 그들 인생의 주인이자 절대강자이며 삶의 목적이라고 말해도 좋았을 정도입니다.

반드시 인생이 뒤흔들리는 에피소드를 경험하지 않았더라도 사람들은 예쁜 여자를 우러러 바라봅니다. 예쁜 여자는 어느 각도에서 봐도 전혀 약자가 아닌 것처럼 보이는 것입니다.

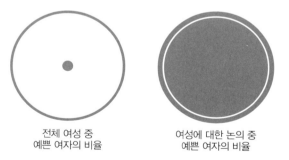

전체 여성 중
예쁜 여자의 비율

여성에 대한 논의 중
예쁜 여자의 비율

비율상으로는 작은 부분을 차지함에도 존재감은 매우 강한 예쁜 여자들. 그녀들의 유명한 일화가 여자라는 성별 전체에 대한 편견으로 확산되는 메커니즘을 막을 수 있는 사람은 없었습니다. 여성은 '약한 존재'가 아니라 거기에서 점 하나를 뺀 '악한 존재'로 자주 묘사되었던 것입니다. 인류 최초의 스캔들이라 할 수 있을 아담과 이브 이래로, 여성은 남성들이 추구해야 할 커다랗고 숭고한 목표를 달성하는 데 방해가 되는 존재로 종종 여겨지곤 했습니다.

단 하나의 불편함

예쁜 여자로 인하여 인생을 잃어버린 남자들의 사례에 대해 논하면서 그 책임을 여성에게 돌리려는 시도는 언제나 부당합니다. 그건 마치 강간사건에 대해서 '옷을 야하게 입은 여자 책임'이라고 판단한다거나 '폭력적인 게임이 학교폭력의 원인'이라고 하는 주장만큼이나 바보 같은 판단입니다. 단, 예쁜 여자와의 예외적 관계 속에서 오랫동안 고착되었던 성 역할이 완벽하게 전복된다는 것만큼은 사실입니다. 여느 여자들과는 달리 예쁜 여자 앞에서 사람들은 한없이 약해지는 것입니다. 이 현상의 원인은 결국 그 여성의 미모에 있다고 말할 수 밖에 없습니다. 다시 태어나도 남자이고 싶다는 생각을 하는 이유는 남자에게 부여된 '주동자'의 역할이 그럭저럭 마음에 들기 때문입니다. 주동자의 좋은 점은 결과를 바꿀 여지가 있다는 점에 있습니다.

예를 들어 연애에서 출발의 신호탄을 쏘아 올리는 건 보통 남자의 몫입니다. 결과가 어떻게 나오든 주동자는 거기에 대한 책임을 져야 합니다. 정답이 하나로 정해져 있는 문제는 아닙니다만 통상적으로 이 역할은 남자가 맡아왔습니다. 아주 오래 전부터 여자가 안정의 동물이라면 남자는 모험의 동물이었습니다. 그런데 예쁜 여자는 이 역할구조를 해체시켜 완전히 새로운 관계의 양상을 창조합니다. 그녀들은 남자의 주도에 대한 반응(reaction)으로서 스토리를 만드는 수동적 존재가 전혀 아닙니다. 자신이 먼저 사건의 단초를 제공합니다. 본인들의 의도와는 관계없이 그저 이 세상에 태어나 들숨과 날숨을 반복하는 것만으로도 예쁜 여자는 사건의 중심에 서게 됩니다. 남자의 입장에서 예쁜 여자는 '일생을 다 바치더라도 반드시 정복하고 싶은 단 하나의 불안정이자 불편함'입니다. 인생의 모든 희로애락을 남자는 그녀를 중심으로 재편합니다. 그녀를 모르던 때의 기쁨은 기쁨이 아니었습니다. 그녀를 모르던 때의 슬픔은 슬픔이 아니었습니다. 이제 남자의 기쁨은 그녀와 함께하는 모든 순간이며 남자의 슬픔은 그녀가 결여된 모든 순간입니다. 셰익스피어를 비롯하여 우리가 알고 있는 수많은 예술가들은 결국 이러한 감정을 집합시키고 변주함으로써 인류에게 공감의 감정을 불러일으켜 왔습니다. 예쁜 여자는 여성이라는 집합 속의 극히 일부이면서도 여성이라는 성에 대한 전체적 이미지를 규정했습니다. 심지어 '예쁘지 않으면 여자가 아니다.'라는 혹독한 편견의 논리마저 이미 온 세상에 만연해 있음을 우리는 잘 알고 있습니다. 이것은 여성에 대한 이미지의 왜곡이 어느 정도 진행되었는지를 가늠해볼 수 있는 리트머스 종이와도 같습니다. 긴 시간 동안 이어진 차별의 역사, 그럼에도 불구하고 점점 심화되고 있는 예쁜 여자에 대한 숭배. 이 불안정한 간극 어디쯤에서 페미니즘은 반격을 시작했습니다.

일생일대의 역습

빅토리아 시대의 소설가 이디스 워튼은 이렇게 말했습니다.

"여자가 머리 손질을 할 줄 모른다면 천재라 한들 아무런 소용도 없다."

크게 보면 페미니즘은 수많은 이디스 워튼들에 대한 반론으로 출발했다고 말할 수 있습니다. 여성을 객체화하고 상품화하는 모든 시도에 여성주의는 경고의 휘슬을 붑니다. 페미니스트들에게 요즘 세상 돌아가는 모습은 어떻게 보일까요? 예쁜 여자들이 철저하게 상품화되고 있다는 측면은 분명 그녀들에게도 못마땅하게 보일 것입니다. 또한 남자들의 눈에 예쁘지 않은 여자는 마치 존재가치도 없는 것처럼 여겨지는 폭력적인 분위기 역시 조속히 개선되어야 할 하나의 불의(不義)로 해석될 것입니다. 그런데 막상 페미니스트들의 문제의식을 행동으로 옮기려 하면 모호한 지점이 생겨납니다. 모든 여성이 약자인 것은 아니라는 사실 때문입니다. 예를 들어 외모지상주의나

남녀차별 등의 불의를 개선하기 위해 모든 여성에게 현금을 지급하는 방편을 실행했다고 가정합시다. 재벌가의 자제로 태어난 여성이 이 혜택을 받는 것이 과연 바람직한 것일까요? 단순히 여성이라는 이유만으로 삶의 모든 국면이 불리하지는 않으며 이것은 외모 문제에서도 마찬가지입니다. 예쁜 여자는 오히려 남성 위에 군림합니다. 실상을 알고 보면 반드시 좋은 것만은 아니지만 어쨌든 겉으로만 보기에는 절대강자이며 시쳇말로 슈퍼갑(甲)처럼 보입니다. 이 사실은 약자로서의 여성을 대표해야 할 페미니즘과 묘한 갈등구조를 빚어냅니다. 둘은 남성의 상대편에 있다는 공통점을 가지고 있으면서도 물과 기름처럼 섞이지 못한 채 내외하는 부부처럼 서먹서먹한 거리를 유지하는 것입니다.

여자에게도 버려진 여자

　페미니즘은 예쁜 여자와 연대할 수는 없는 걸까요? 예쁜 여자도 분명히 여성의 일부인데 그녀들을 여성주의에서 배제한다는 것은 아이러니가 아닐까요? 예쁜 여자는 강자(强者)이므로 보호가 필요 없다는 반론이 나올 수 있겠습니다. 그러나 이 세상에 강자의 지위를 영원히 수성할 수 있는 사람은 아무도 없습니다. 예쁜 여자가 반드시 가해자인 것만은 아니라는 사실 역시 우리는 이제 알고 있습니다. 그렇다면 레드 카펫에서 언제 끌려 내려올지 모르는 예쁜 여자들의 손을, 적어도 여성주의는 잡아줘야 하는 것이 아닐까요? 다행히도 오늘날의 페미니즘은 '외모 꾸미기 미학'과의 결합까지는 달성한 상태입니다.

쉽게 말해 외적 아름다움의 효용을 인정하고 그것을 긍정적으로 받아들이는 것입니다. 외모지상주의에 대한 비판적 태도를 유지하면서도 적극적으로 외모를 꾸밈으로써 느낄 수 있는 행복과 아름다움에 주목하는 사람들이 등장했습니다. 그들은 외모 꾸미기를 '일상 속의 예술'로 이해하며 그것을 적극 권장합니다. 그러나 이러한 견해마저 예쁜 여자와의 적극적 결합을 지향하고 있지는 않습니다. 예쁜 여자의 존재를 인정하는 순간 가부장제의 존재를 함께 인정하는 셈이 되기 때문입니다. 그래서 그들은 가부장제의 영속적인 해체가 수반되지 않는 한 예쁜 여자의 우위는 한시적 승리에 불과함을 지적하며 널리 알려진 페미니즘 본래의 입장으로 회귀합니다. 부조리한 현실은 페미니스트들끼리의 연대를 통하여 개선해야 한다는 주장입니다. 외적 아름다움의 가치를 인정한 건 좋았지만 이 견해는 다분히 여성주의 내부에서만 공전할 뿐입니다. 페미니스트들 간의 연대는 과연 충분한 상상력을 제공할 수 있을까요? 그저 여성주의의 내부적 토론만으로 여성들이 처한 문제를 개선할 수 있을까요? 비슷한 생각, 비슷한 세계관을 가진 사람들끼리의 토론에서 혁신이 일어날 수 있을까요? 예쁜 여자와 미묘한 긴장관계를 형성하고 있는 페미니즘은 외모 꾸미기 미학에 좀 더 전향적으로 뛰어들어 예쁜 여자와의 건강한 관계를 구축해야 한다고 생각합니다. 반드시 현재의 양상에 전적으로 동의하고 굴종하라는 말이 아닙니다. 기존의 질서 그 안으로 들어가 질문을 던져보는 게 필요하다는 얘깁니다. 그렇게 하기 전까지 여성주의와 예쁜 여자는 서로가 서로를 고독하게 만드는 데 일조할 뿐입니다. 지금의 페미니즘에 필요한 것은 여성주의자들끼리의 대화가 아닙니다. 여성주의와 모호한 거리감을 유지하고 있는 예쁜 여자들과의 대화가 필요합니다. 그녀들은 대체 어떤 존재이며 무슨 생각을 하고 있는 것일까요?

제 2 장

그대가 곁에 있어도
나는 그대가 안 그립다

그토록 예쁜 여자에 대해서 뜨겁게 주목하고 그녀들이 무엇을 입고 무엇을 먹는지 눈을 크게 뜨고 지켜보고 있으면서도 우리는 정작 그녀들이 '무슨 생각을 하는지', '어떤 입장에 놓여 있는지'에 대해서는 크게 관심이 없습니다. 이는 우리가 그녀들을 아무런 고민도 하지 않고 하루하루 행복에 겨워 미소 짓고 있는 완전무결한 생명체로만 바라보기 때문입니다. 그녀에게 관심을 보이는 것처럼 보이지만 가만히 생각해보면 결국엔 그녀를 바라보고 있는 자신의 안구를 정화하고 싶은 마음, 그녀를 바라보며 망상에 젖고 싶은 마음이 앞선다고도 말할 수 있겠죠. 그 사람이 나빠서가 아니라 자연스럽게 그렇게 됩니다. 이 문제는 예쁜 여자에게만 적용되는 독특한 인간 소외로 이어집니다. 가부장제와 '한패'라는 이유로 여성주의자들의 관심을 받지 못하는 예쁜 여자는 가부장제 내부에서도 그저 욕망의 객체로서만 존재하기 때문에 소외를 당하는 것입니다. 모두가 그녀들을 욕망의 대상으로만 바라볼 뿐 그녀들의 내밀한 욕구에 대해서는 관심도 없고 귀를 기울이지도 않습니다. 어디에서나 환영받는 것처럼 보이지만 사실은 어디에서도 100% 완벽하게 받아들여지지는 못하는 것이 예쁜 여자입니다. 예쁜 여자들은 '여자'라기보다는 '예쁨'으로만 받아들여집니다. 그녀들은 그녀만의 방식으로 고독한 존재이며 이 고독이 예쁜 여자의 세 번째 비극입니다.

불안을 제거해주는 은수저처럼, 만약 어떤 사람이 예쁜 여자의 고독감을 채워줄 수만 있다면 그토록 갈망하는 '예쁜 여자와 가까워지기'는 생각보다 쉽게 진척될 수 있습니다. 대다수의 사람들이 그녀를 고독하게 만들고 있기 때문에 아주 조금만 차별화를 해도 금방 티가 나기 때문이죠. 정답이 이렇게 명백히 드러나 있음에도 불구하고 상황은 완전히 반대로 돌아가는 점이 아이러니일 따름입니다. 대부분의 사람들은 예쁜 여자의 이야기를 들어줌으로써 그녀들의 고독감을 채워주겠다는 생각을 하지 않습니다. 그보다는 그녀들에게 자기 이야기를 털어놓음으로써 자신의 고독감을 먼저 상쇄하고 자신의 특별함을 확인하기 바쁩니다. 미모가 두드러질수록 사람들은 그녀에게 비밀을 털어놓으려는 경향이 있는 것입니다. 우리가 친숙하게 알고 있는 성경 속의 인물 '삼손'도 예쁜 여자 앞에서 비밀을 털어놓느라 바빴던 남자 중 하나였습니다. 그가 예쁜 여자 앞에서 했던 의사결정의 궤적을 좇아가보면 예쁜 여자 앞에 서게 된 사람의 심층심리에 대해 중요한 힌트를 얻을 수 있습니다.

몸은 무겁지만 입은 가벼웠다

성경 〈구약성서〉 중에서 〈사사기(士師記)〉는 이스라엘을 다스린 판관들의 역사를 연대기 순으로 기록한 책입니다. 그 중에서 열두 번째 판관이자 가장 유명한 사람이 바로 삼손입니다. 아놀드 슈왈제네거가 출연했던 1980년대 영화 〈코난〉 시리즈를 보면 그의 이미지를 금방 형상화할 수 있습니다. 삼손은 캐릭터가 확실한 인물입니다. 성경에 등장하는 숱하게 많은 인물들 가운데서도 육체적인 힘이 가장 센 것으로 알려져 있습니다. 그는 무려 여호와로부터 직접 선택을 받은 남자였던 것입니다. 당연히 인간의 한계를 훌쩍 뛰어넘은 능력을 가질 수 있었습니다. 길을 걷다 우연히 만난 사자를 맨손으로 찢어 죽였다고 하는, 자기소개 치고는 참으로 잔학무도한 에피소드를 보유하고 있기도 합니다. 판관이라고 하면 단순히 육체적인 힘만 가지고 오를 수 있는 자리는 아니었겠지만 삼손의 마초적인 이미지는 그의 '털' 관련 에피소드에서 극대화됩니다. 신이 그에게 초인적인 능력을 부여하면서 붙였던 제약은 크게 두 가지였습니다.

첫 번째는 술을 마셔선 안된다는 것이었고, 두 번째는 머리카락을 잘라선 안된다는 것이었습니다. 그래서 루벤스를 비롯하여 삼손을 그린 화가는 수도 없이 많았지만 그들은 약속이라도 한 듯 하나같이 삼손의 머리털을 세밀하게 묘사했던 것입니다. 우둔함과 남을 잘 믿는 성격이 마초의 전형적인 특징으로 자리 잡은 것도 어쩌면 삼손부터였는지도 모릅니다. 삼손이 사사기의 하이라이트를 화려하게 수놓을 수 있었던 이유. 그리고 그가 우리에게 친숙해진 사건 모두가 그의 단순한 성격으로부터 비롯되었습니다. 블레셋과 갈등관계에 있었던 이스라엘의 판관이었음에도 불구하고 삼손은 블레셋 출신의 들릴라와 결혼했습니다. 그녀는 종종 삼손의 초인적인 힘이 어디에서 나오는지를 은밀하게 물었지만 물론 그는 말해주지 않았습니다. 그러나 들릴라가 이혼까지 거론하며 배수의 진을 치자 결국 삼손은 머리카락의 비밀을 이실직고했고, 이것이 결국 재앙의 씨앗이 되었습니다. 그가 잠들어 있는 틈을 타서 들릴라의 밀고를 받은 블레셋 군사들이 삼손의 머리카락을 잘라버렸기 때문입니다. 힘을 잃은 삼손은 포로로 끌려가 비참한 삶을 살게 됩니다. 여기까지가 우리가 흔히 알고 있는 〈삼손과 들릴라〉 이야기의 전말입니다. 이 이야기에서 우리가 얻을 수 있는 교훈은 무엇일까요? 역시 남자는 여자를 조심해야 한다? 예쁜 여자의 유혹에 넘어가서는 안된다?

흔히 들릴라는 팜므 파탈의 전형으로 거론됩니다. 이렇게 되면 당연히 삼손은 피해자가 되고 들릴라는 간사한 요부이자 말초적인 성욕의 노예, 신의 뜻을 가로막는 사탄의 분신쯤으로 치부돼버립니다. 가만히 있던 삼손을 유혹해서 이스라엘의 혼

란을 야기한 장본인이라는 겁니다. 정말 그럴까요? 여기에서
부터는 신학적인 해석을 완전히 배제한 상상이지만, 들릴라를
예쁜 여자로 가정한다면 이 사건 속의 삼손을 피해자로 보기는
힘들지 않을까 싶습니다. 들릴라의 유혹에 넘어가서 어쩔 수
없이 머리카락의 비밀을 말했을 리가 없다고 보기 때문입니다.
여자 쪽에서 약간의 펌프질을 했을 수는 있겠죠. 사정을 보아
하니 블레셋 군사들의 사주가 있었던 모양입니다. 허나 그렇다
고는 해도 근본적으로는 삼손 쪽에서 먼저 말하고자 하는 의도
가 있었던 게 틀림없습니다. 신과의 약속을 어기면서까지 비밀
을 발설한 이유는 대체 무엇일까요? 간단합니다. 예쁜 여자인
들릴라의 관심을 끌어내기 위해서입니다.

　　신의 선택을 받은 삼손은 남들이 쉽게 알지 못하는 비밀의
정답을 먼저 알 수 있는 능력자의 위치에 서 있었습니다. 그리
고 이 이점을 예쁜 여자와의 관계를 진전시키기 위해 이용했습
니다. 이것은 자신의 처지가 여느 수컷들과는 다르다는 사인을
보내서 예쁜 여자(들)에 대한 공략을 가속화하기 위한 전략은
아니었을까요? 이것을 억지 가설로 치부하기 전에 근거로 삼
을 만한 에피소드가 하나 더 있습니다.

삼손은 여자에게 비밀을 발설하는 데 '초범'이 아니었던 것입니다. 들릴라 사건이 있기 전에도 삼손은 자신이 찢어 죽인 사자의 시체에 꿀벌들이 집을 지은 것을 두고 블레셋 사람들에게 퀴즈를 낸 적이 있습니다. 겉옷 30벌이 걸린 문제였는데 결과적으로 해답은 사전에 유출되어버렸습니다. 역시나 삼손이 그 당시에 만나던 블레셋 애인에게 미리 발설해버렸기 때문입니다.

　이 사건을 두고 '이번에도 그 마귀 같은 여자의 유혹에 넘어간 것'이라고 말하는 것이 통상적인 해석이지만, 글쎄요. 아무리 치명적인 유혹을 받았더라도 이 정도면 삼손에게도 심각한 귀책사유가 있는 게 아닐까요? 백 보 양보하더라도 삼손이 예쁜 여자를 정말로 좋아하는 나약한 인간이었음에는 틀림이 없는 것 같습니다. 욕망에 무릎을 꿇었다는 혐의도 여자들보다는 삼손에게 귀착시키는 게 맞겠네요. 예쁜 여자의 본심에 접근하기보다는 자신의 욕망을 우선시했기 때문에 그 모든 사달이 일어났다고 보는 게 이성적일 것 같습니다.

때로는 모두가 삼손이 된다

〈사사기〉에서 교훈을 얻기 위해 삼손이라는 남자 개인의 불완전함을 지적하는 것만으로는 충분치 않습니다. 번번이 애인의 꾐에 넘어가 국가적인 기밀을 발설하는 것이 판관의 실체라면 이스라엘 사람들의 처지가 너무나도 딱해집니다. 여기에는 좀 더 깊고 보편적인 함의가 스며 있음을 지적할 수 있어야 합니다. 예쁜 여자와의 관계를 가깝게 만들도록 하기 위해서 남녀를 불문한 많은 사람들은 자신의 비밀을 털어놓는 전략을 이용합니다. 예쁜 여자에게는 왠지 비밀을 말하고 싶어집니다. 적어도 자신의 비밀을 말하는 순간만큼은 그녀의 관심을 집중시킬 수 있기 때문입니다.

허나 그러는 순간 우리는 예쁜 여자의 의견, 예쁜 여자의 속마음을 들어볼 기회를 잃게 됩니다. 우리 자신의 언어만이 예쁜 여자와 공유하는 시간과 공간을 가득 채우는 것입니다. 스스로가 삼손이 되기를 선택하는 순간입니다. 동시에 예쁜 여자를 고독의 심연으로 몰아넣는 순간입니다. 자신의 상황을 이용해서 예쁜 여자의 환심을 사려는 게 아니라 그저 '인간 대 인간'

의 관점으로 접근했다면 어땠을까요. 그랬다면 두 사람이 자연스럽게 가까워지는 바람직한 구도가 형성될 수도 있었을 겁니다. 우리는 이미 예쁜 여자가 아닌 사람들에게는 그렇게 하고 있습니다. 그렇기 때문에 서로가 서로를 고독하게 만들지 않고, 때로는 의지하고 때로는 갈등하며 건강한 인간관계를 구축할 수 있죠. 하지만 예쁜 여자는 단지 예쁜 여자라는 이유만으로 '인간 대 인간'이라는 구도를 허락받지 못합니다. '인간 대 예쁨'의 구도만이 그녀들에게 허락된 전부입니다. '인간'이 누락되고 '예쁨'이 포함되는 이 메커니즘이 바로 예쁜 여자의 삶에 숙명처럼 따라붙는 고독의 본질입니다.

겉으로 보기에는 예쁜 여자에게 무한한 권한이 있는 것 같지만 실제로는 운신의 폭이 극도로 제한됩니다. 자신의 매력을 어필하는 데만 정신이 팔린 상대방의 뭘 믿고 내면의 이야기를 꺼낼 수 있을까요? 차라리 혼자 생각하고 혼자 고민하는 게 낫겠죠. 그러다 보니 주변에 사람은 많아도 마음의 벽은 점점 두터워져만 가는 겁니다. 까마득한 옛날인 구약시대의 예를 들어 너무 멀게 느껴졌나요? 그렇다면 시계를 20세기로 돌려보죠. 우리가 잘 알고 있는 전설적인 여배우 역시 이 고독의 질곡

속에서 고통 받다가 비극적인 생을 마감했습니다. 그녀의 삶을 돌아보면 예쁜 여자가 감내해야 하는 비극적 고독에 대해서 더욱 잘 알 수 있을뿐더러 예쁜 여자들이 자주 보이는 무책임한 행태에 대해서도 통찰을 얻을 수 있습니다.

언제나 화려했지만 언제나 혼자였다

마릴린 먼로(1926~1962)는 불행한 여자였습니다. 가정을 버린 아버지와 우울증을 앓는 어머니를 두었기 때문만은 아닙니다. 진짜 불행은 그녀가 예쁜 여자로 이름을 떨친 뒤, 그러니까 역사상 최고의 섹스 심벌로 자리를 잡고 난 이후부터 본격적으로 시작되었습니다. 외로움이 많은 성격이었던 그녀는 남성으로부터 구원 받기를 끊임없이 기대했던 것으로 보입니다. 16세에 했던 초혼은 양부모에 의해 주선된 것이므로 그녀의 의사를 반영한다고 보기는 힘듭니다. 배우가 된 이후부터가 진짜 시작이었습니다. 그녀는 수많은 남자들과 염문을 뿌렸습니다. 그것도 하나같이 자기 분야에서 일가를 이뤄낸 초특급 인사들과 스캔들을 만들었습니다. 전설적인 야구선수 조 디마지오, 극작가 아서 밀러와는 결혼을 했고 존 F. 케네디, 심지어 아인슈타인과도 교제했던 것으로 알려져 있습니다. 그러나 인간이 인간을 구원할 수는 없는 법. 그녀 역시 남자들에게 구원을 받지는 못했습니다. 그렇게 많은 남자들에게 둘러싸여 있었으면서도 결국 죽음의 순간에는 혼자였던 것입니다. 이것은 그녀가 어린 시절부터 마음속에 배태되어 있던 고독의 정서에 끝내 무릎을 꿇어버린 슬픈 장면입니다.

"할리우드에서 여자의 인격은 헤어스타일보다 중요하지 않다. 그곳에서는 인간성이 아니라 외모로 사람을 판단한다. 단 한 번의 키스에 1,000달러를 지불하면서도 영혼은 5센트인 곳이 바로 할리우드다."

– 마릴린 먼로(Marilyn Monroe)

할리우드로 대표되는 세상 전체로부터 적잖은 상처를 받았는지 이렇게 가시 돋친 말을 뱉어내기도 했던 그녀. 주로 코미디 영화에 출연해서 아무 생각 없이 예쁘기만 한 배역들로 인기를 얻은 그녀였지만 실제 성격은 배역과 괴리를 보입니다. 주변의 수많은 사람들에게 둘러싸여 갖가지 찬사를 받던 마릴린 먼로. 주변의 모든 사람에게 유쾌한 에너지를 뿜어주었던 그녀가 내심으로는 이런 문장을 떠올리고 있었다고 생각하면 뒷맛이 영 씁쓸해지는 느낌입니다. 그녀의 로맨스는 언제나 ON AIR였지만 수많은 남자를 만났다는 건 수많은 남자와 이별했다는 뜻이기도 합니다. 디마지오와의 결혼은 불과 9개월 만에 파경을 맞았습니다. 아서 밀러와의 결혼은 5년을 갔지만 소유욕 때문에 이성을 잃었던 그는, 먼로가 출연하는 작품을 집필하면서 무리한 설정을 집어넣어 빈축을 샀습니다.

남편이라고 하나 있는 게 부인의 고뇌에 귀 기울이기는커녕 누구보다 잔인한 고독 속으로 그녀를 몰아넣었던 셈입니다. 반드시 아서 밀러만이 아니라 그녀 주변의 모든 남자는 결국 자신의 욕망을 우선시했다는 의혹에서 자유로울 수 없습니다. 말로는 그녀의 아름다움에 매혹되었다고 했겠지만 실제로는 마릴린 먼로씩이나 되는 여자가 과연 자신을 만나줄 것인지, 만난다면 어디까지 관계를 진척시켜줄 것인지가 궁금했던 것이겠지요. 그들에게 너무 많은 비난을 퍼부을 필요 없이 이와 같은 현상은 지금 이 순간에도 일어나고 있습니다. 물론 상대방 남자들로서도 할 말은 많을 것입니다. 예쁜 여자를 만나는 일은 참으로 쉽지 않다는 것입니다. 예쁜 여자를 만날 때 언제나 주변 사람들을 경계해야 하고 마음고생을 해야 한다는 건 명백한 사실입니다. 어떤 사람은 자신의 경험담을 예로 들며 예쁜 여자와 만날 땐 절대로 늦으면 안된다는 말을 거듭해서 강조하더군요. 늘 그녀가 늦는 편이었지만 딱 한 번 5분 정도 늦은 적이 있었는데, 헐레벌떡 약속장소로 뛰어가봤더니 그녀가 호떡 한 봉지를 들고 있더라는 겁니다. 지나가던 낯선 사람이 "너무 예쁘셔서 호떡이라도 드리고 싶었다."며 그 틈에 전화번호를 물었다는 거죠. 실제로 있었던 일입니다.

"당신의 마음으로 가는 길은 어디죠?" 같은 멘트도 TV드라마에서나 나올 것 같지만 실제 예쁜 여자 앞에서는 그보다 더 유치찬란한 찬사가 아무렇지 않게 펼쳐집니다. 도저히 제정신이라고 봐줄 수 없을 정도로, 예쁜 여자에 대한 욕망은 사람의 눈을 멀게 하는 것입니다. 5분 늦은 그 남자의 경우 너무나도 어처구니가 없어서 원반던지기 선수보다 더 멀리 호떡 봉지를 집어던졌다는 후문이지만, 예쁜 여자를 상대하기가 어렵다는 말의 진의만큼은 인정해줘야 할 것입니다. 마릴린 먼로의 남자들도 힘들기는 마찬가지였을 겁니다.

삼손의 문제에서도 그랬듯이 결국 예쁜 여자의 고독과 관련된 문제에는 누구 한 사람의 책임으로 돌릴 수 없는 구조적인 문제점이 깃들여 있다고 할 수 있습니다. 예쁜 여자를 한 명의 순수한 인간으로 대하기가 좀처럼 힘들어지고, 그런 가운데 예쁜 여자들의 행태 역시 일반적인 사람들의 상식으로는 이해하기가 쉽지 않은 면모를 보이게 되는 것이죠. 왜곡된 에너지 속에서 생활하다 보니 본인의 의사결정도 왜곡된다고 하는 아주 당연한 결말입니다. 예쁜 여자는 24시간, 월화수목금토일, 1년 열두 달 내내 실수할 준비가 되어 있는 존재입니다. 마릴린 먼로의 사례를 마저 들어보자면, 그녀가 주변 사람들과의 관계를 성공적으로 이끌어가지 못했음을 보여주는 에피소드 중에는 시간 약속에 관한 것도 있습니다.

먼로는 살아생전 영화 촬영장에 단 한번도 제 시간에 나타나는 법이 없었던 것으로 악명을 떨쳤습니다. 영화 제작은 번번이 시한을 넘겼고 스테프들은 전전긍긍하기 일쑤였습니다. 요즘으로 말하면 그녀는 잠수를 일삼는 여배우였습니다. 그 시절에는 핸드폰, 카카오톡도 없었을 테니 기다리는 사람들의 초조함은 더욱 심했을 것입니다. 그쯤 되는 인기를 누리고 있었다면 바쁜 것도 당연했겠지만 아무리 그래도 먼로의 잠수는 도가 지나쳤다는 점에 대다수의 견해가 일치합니다. 대체 그녀의 심리는 어떻게 배열되어 있었던 것일까요? 나아가 왜 예쁜 여자들은 그토록 책임감 없이 잠수를 일삼는 것일까요?

이 과정을 추적하다 보면 모든 원인의 근본에 예쁜 여자들의 '고독'이 있다는 사실을 알게 됩니다.

제 3 장

예쁜 여자가
갑자기 사라지는 이유

    예쁜 여자들에게 전화를 걸거나 문자 메시지를 보냈을 때 우리는 유독 잦은 상실감을 느끼게 됩니다. 대답하는 그녀들의 말투가 상냥하고 이모티콘이 현란함에도 불구하고 그렇습니다. 이는 예쁜 여자와 접점을 갖는 과정 하나하나가 우리에게 아슬아슬한 불안의 정서를 유발하기 때문입니다. 일단 그녀들은 곧바로 응답을 하지 않습니다. 전화를 받지 않거나 답장을 빨리 하지 않는 경우가 대부분입니다. 원인은 단순합니다. 워낙 여러 사람이 그녀를 찾기 때문입니다. 또한 그런 분주한 인생을 오랜 기간 살아온 예쁜 여자들은 전화 좀 안 받거나 심지어 답장을 안해도 천지가 개벽하지 않는다는 사실을 누구보다 잘 알고 있습니다. 마릴린 먼로의 심리도 아마 이와 비슷했겠죠. 늦는 게 잘못된 일이라는 것쯤은 그녀도 알았겠지만, 어찌됐건 그녀 없이는 촬영장이 돌아가지 않았던 것도 사실이었으니까요.

물론 기다리는 쪽의 입장은 그렇게 한가롭지 않습니다. 예쁜 여자에게 메시지를 보낼 때 결과가 좋아야 한다는 강박관념 때문에 유독 조바심이 더 나는 건 사실입니다. 하지만 그렇다 해도 회신의 타이밍이 자꾸 늦어지면 누구라도 불안을 느끼게 마련입니다. 절박한 내 마음을 아는지 모르는지, 예쁜 여자들은 언제나 종적을 감추기 직전의 사람처럼 보입니다. 자연스럽게 기다리게 되고, 한순간에 아쉬운 입장이 되어버리고, 관계의 주도권도 저쪽으로 넘어가버립니다. 원래도 저쪽에 있었지만 그것이 영속적으로 변해버리는 것입니다. 예쁜 여자와의 연애나 우정이 본격적으로 시작되고 난 후에도 그녀들의 태만은 사라지지 않습니다. 그녀들은 책임감이 전혀 없는 사람처럼 보이며 그 증거로 종종 '잠수'를 일삼습니다.

갑작스럽게 아무런 암시도 없이 연락을 끊는다거나, 심한 경우엔 말없이 전화번호를 바꾸기도 하죠. 공감하는 분들이 아마 많이 계실 겁니다. 일방적인 잠수는 상대방의 마음속에 커다란 상처를 남깁니다. 그럼에도 불구하고 그녀들의 행태가 개선되지 않는 이유는 우리 중 누구도 그녀들을 꾸짖지 않기 때문입니다. 여전히 아쉬운 건 우리 쪽이니까요. 잠수를 마치고 수면 위로 떠오른 그녀에게 우리는 이게 지금 무슨 경우냐며 화를 내는 것이 아니라 오랜만이라며 인사를 건네기 위해 줄을 섭니다. 예쁜 여자에 대한 욕망이 커질수록 그녀의 책임감이 사라져가는 것은 당연한 귀결입니다.

잠수의 크레센도, 증발

바늘도둑이 반드시 소도둑이 되는 것은 아닙니다. 하지만 바늘도둑으로서의 연륜이 충분히 쌓였을 때 소도둑으로서의 이행이 수월해지는 것만큼은 분명합니다. 인간관계에서 잠수가 야기하는 중차대한 과실을 충분히 습득하지 못한 예쁜 여자들은 결국 '증발의 이별'을 감행하며 상대방의 가슴에 씻을 수 없는 상처의 칼날을 꽂습니다. 미야베 미유키의 소설 〈화차〉가

다루고 있는 것이 바로 이 증발의 이별입니다. 결혼을 코앞에 둔 상황에서 돌연 여자가 종적을 감추는 것에서부터 이야기는 출발합니다. 한국에서 영화로 각색되기도 한 이 작품은 스릴러 형식을 띠기 때문에 예쁜 여자에 대한 담론 전체로 직결시키기에는 다소 무리가 있습니다.

하지만 예쁜 여자가 갑자기 증발해버린 상황에 직면한 상대방의 심층심리를 충실하게 짚어내고 있다는 점에서는 주목할 만합니다. 고의로 증발한 것이 명백해진 상황에서도 〈화차〉 속 남자는 미련의 끈을 놓지 못합니다. "잡히면 가만 안 둬."라고 다짐하며 추적에 나섰음에도 막상 그녀를 찾아 눈앞에 두게 되자 눈동자가 흔들립니다. 증발의 이유만큼이나 확인하고 싶었던 것은 '나를 사랑하긴 했는지'에 대한 의문입니다. 참으로 초라한 풍경이지만 누구도 자기 일이 되기 전엔 함부로 비웃을 수 없는 처절한 장면입니다. 최근 들어 영화 아닌 현실 속에서도 증발의 이별은 급증하고 있습니다. 기본적으로 이는 골치 아픈 일에 책임지기를 싫어하는 우리 세대의 현주소를 잘 보여주는 경향이라 하겠습니다.

그런데 유감스럽게도 이 현상 안에는 예쁜 여자 역시 한쪽

발을 깊숙이 들여놓고 있습니다. 예쁜 여자가 모두 증발의 이별을 하는 것은 아니지만 증발의 이별이 발생했을 때 그 가해자가 예쁜 여자일 확률은 상대적으로 높은 것입니다. 이것은 보통 문제가 아닙니다. 증발의 이별을 경험한 사람들은 하나같이 지옥의 증언을 성토합니다. 증발이란 이미 잠수와는 그 뉘앙스가 완전히 다릅니다. 단순히 며칠 연락 안되는 수준을 간단히 뛰어넘습니다. 아무런 예고도 암시도 없이 문득, 상대의 인생에서 그야말로 '사라져'버리는 것입니다. 신문으로 비유하면 문화면보다는 사회면에 가까운 사건입니다. 세상의 모든 이별이 증발의 이별과 그렇지 않은 이별로 구분될 만큼 충격적인 체험이기도 합니다.

애초부터 좋은 헤어짐이란 없는 것이겠지만 증발의 이별은 혼자 남은 자의 멘탈을 완전히 붕괴시켜 둘이서 하나라고 믿었던 순간순간을 철저히 박살냅니다. 아름다운 추억이 뭐가 어떻고 하는 말 따위는 한순간에 뜬구름 잡는 감정의 사치가 되어버립니다. 언제부터 계획됐는지 모를 그 철저함에는 섬뜩한 기운마저 방울방울 어려 있습니다. 그녀들은 어떻게 이렇듯 잔인한 행위를 일삼을 수 있는 것일까요? 기존의 팜므 파탈론(論)이

설파하는 것처럼 그녀들의 마음속엔 정말로 악마가 들어앉아 있는 것은 아닐까요?

그렇지 않습니다. 정답은 오히려 반대편에 있습니다. 예쁜 여자의 마음속에는 순수한 아이가 살고 있습니다. 그녀들은 잠수나 증발의 피해자가 되어본 적이 없기 때문에 그 고통을 상상조차 할 수 없고, 그렇기 때문에 태연하게 잔인해질 수 있는 것입니다. 이 맥락에서의 순수함이란 날아가는 민들레 홀씨를 바라보며 꼬마 아이가 해맑게 미소 짓는 동화적인 순수함이 아닙니다. 천진난만한 표정으로 잠자리의 날개를 뜯으며 한 생명의 죽음을 신기해하는 순수함에 가깝습니다. 관계가 상당한 위기에 봉착하고 나서야 우리는 깨닫게 되는 것입니다. 인간관계에 대해서 가지고 있는 서로의 이미지가 판이하게 달랐다는 것을 말입니다.

예쁜 여자에게는 예쁜 여자만의 인간관계 패턴이 있습니다. 이것은 우리가 흔히 일상적으로 알고 있는 패턴과는 완전히 다릅니다. 그래서 그녀들과 우리가 관계를 맺을 때 그 관계의 양상을 비대칭적인 것으로 비틀어버립니다. 예쁜 여자와의 인간관계가 좀처럼 생각대로 잘 풀리지 않고 그녀들이 고독에서 벗어나지 못하는 이유도 바로 여기에 숨어 있습니다.

비대칭 인간관계

　인간관계의 기본을 기브 앤 테이크(GIVE & TAKE)라고 규정하면 언뜻 굉장히 삭막한 표현처럼 들립니다. 마치 세상의 모든 인간관계를 '대가를 염두에 두고서 가진 것을 교환하는 거래'로 치부하는 인상을 주기 때문입니다. 하지만 표현이 투박할 뿐 실제적인 우리의 인간관계는 주고받기가 기본입니다. 눈에 보이는 돈이나 물건은 아닐지라도 미묘한 감정과 호의를 주고받으며 우리는 친분을 쌓아갑니다. 친구 사이에 주고받은 추억과 의리의 집합을 우리는 우정이라 부릅니다. 연인 사이에 주고받은 연민과 배려를 우리는 연애라 부릅니다. 나아가 서로 간의 감정과 의사를 주고받는 모든 활동의 궤적을 우리는 인간관계(人間關係)라 부릅니다.

　바로 이 인간관계의 측면에서 예쁜 여자는 일반적인 사람들과 조금 다른 패턴을 보입니다. 이것은 예쁜 여자의 미모가 그것을 소유한 예쁜 여자 본인의 의도와는 관계없는 사인을 상대방에게 던지기 때문입니다. 일반적인 사람들과는 달리 예쁜 여자는 존재만으로도 사람들의 호감을 삽니다. 이것을 바꿔 표현하면 예쁜 여자 앞에 있는 상대방은 예쁜 여자의 미모에 대한 대가로 자신의 호의를 '지불'한 것입니다. 예쁜 여자는 아무것도 준 적이 없음에도 불구하고 이 관계에 기브 앤 테이크가 시작돼버린 것입니다.

자신의 의지와는 상관없이 사람들과 관계를 맺게 된다는 것. 바로 이 점이야말로 예쁜 여자가 감내해야 하는 고독의 본질적 부분을 담당합니다. 또한 이것은 그녀들에 대한 수많은 속설을 유포시키는 근본적인 원인이기도 합니다. 세간에는 예쁜 여자에 대한 수많은 속설이 있습니다. 얼굴값을 한다, 짜증이 많다, 다루기 힘들다, 명품을 추종한다….

그런데 이 수많은 속설에는 한 가지 불편한 진실이 숨어 있습니다. 그것은 바로, 그런 속설을 유포하는 사람의 99%는 예쁜 여자와 깊은 인간관계를 구축해본 적이 없다는 사실입니다. 예쁜 여자의 앞에 서서 그녀의 주변을 겉도는 정도의 경험은 있었겠지만 그것을 온전한 인간관계라고 보기는 힘듭니다. 그럼에도 불구하고 사람들은 예쁜 여자와의 접점을 자랑하는 것을 좋아하기 때문에 본인들의 하찮은 경험을 '인간관계'로 포장해서 예쁜 여자의 캐릭터를 마음대로 규정지어버리는 것입니다. 이제는 한국사회에서 일상어로 자리를 잡은 '된장녀'라는 말 속에도 이와 같은 심리는 잘 들어가 있습니다. 프랑스제 생수와 맛도 모르는 비싼 커피만 마시고, 명품 가방과 고급차에 집착하며, 돈 없는 사람은 무시하는 일군의 예쁜 여자를 한국인들은 된장녀라 부르기 시작했습니다.

재미있는 사실은 이런 여자를 실제로 만난 사람은 극히 드물다는 점입니다. 소문만 무성하되 실제로는 존재하지 않는 '엄마 친구 아들'처럼 된장녀 역시 주로 우리의 상상 속에서만 서식합니다. 한번도 우주인을 만나본 적이 없는 사람들이 제멋대로 이미지를 만들어내는 것과 원리가 같습니다. 결국은 상상하는 사람이 갖고 있는 편견을 투사하는 것에 불과합니다. 현실 속에서 그렇게까지 돈과 명품에 집착하는 예쁜 여자는 없습니다. 구조적으로 있을 수가 없습니다. 그녀가 진정 예쁜 여자라면 왜곡된 에너지 속에서 살아가는 통에 돈과 명품이 갖고 있는 사회적 의미를 제대로 감각할 기회가 없었을 것이기 때문입니다. 예쁜 여자 스스로가 이미 명품입니다. 그녀가 과연 또 다른 명품에 집착할까요?

이와 같은 오해는 예쁜 여자와 보통 사람들 간의 관계가 비대칭으로 돌아가고 있다는 사실을 잘 보여줍니다. 우리는 예쁜 여자들을 배려하지 않고서 그녀들을 멋대로 판단하고 있습니다. 그런 가운데 서로가 서로를 끊임없이 오판하는 결과가 이어지고 있습니다. 일견 무책임해 보이는 예쁜 여자들의 잠수를 무턱대고 옹호할 수는 없을 것입니다. 허나 그녀들에게는 그녀들만의 사정이 있었음을 이해해주는 것은 매우 중요합니다. 우리의 연락을 무시하고 잠수를 일삼는 예쁜 여자들은 기다림에 지쳐가는 우리를 비웃는 게 아니라, 그 시간에 혼자만의 고독 속에서 몸부림치고 있습니다.

돌이켜보면 우리는 우리로 하여금 아무것도 받을 생각이 없었던 사람에게 호의를 덜컥 안겨주고는 그것에 대한 보상을 요구했던 것은 아닐까요? 그로 인하여 예쁜 여자들이 경험하는 특유의 인간소외를 더욱 확고히 만들어 그녀들을 고독의 나락 속으로 빠트리는 것은 아닐까요?

혼자만의 기브 앤 테이크

　고독의 원 안에 던져진 예쁜 여자들의 참상은 세간에 잘 알려져 있지 않습니다. 심지어 예술가들조차 그녀들의 고독에는 별 관심이 없습니다. 이 고독은 예쁜 여자들만의 것이므로 '공감대'가 없기 때문입니다. 허나 널리 알려져 있지 않다고 해서 존재하지 않는 것은 아닙니다. 사람들이 잘 모른다고 해서 문제가 가벼운 것도 아닙니다. 지금 이 순간에도 세상에 상처받은 예쁜 여자들은 자기만의 고유한 고독의 방 안에 갇혀 있습니다. 그 면면이 가장 잘 드러나는 것은 언제일까요? 아이러니하게도 모든 사람들이 행복한 것으로 정해져 있는 각종 기념일이야말로 예쁜 여자들의 고독이 가장 전면에 드러나는 순간이 됩니다.

　크리스마스, 발렌타인데이, 빼빼로데이 등등입니다. '풍요 속의 빈곤'이라는 말도 있지만, 행복한 연인들의 로맨틱한 사랑고백이 넘쳐흐르는 이 기념일에 예쁜 여자가 집에서 혼자 영화나 보고 있다면 믿으시겠습니까? 믿기 힘든 일이지만 이와 같은 현상은 실제로 빈번하게 일어나고 있습니다. 마음만 먹으면 누구든 골라잡아 즐거운 한때를 보낼 수 있다는 걸 그녀들도 모르는 바는 아닙니다. 허나 평생 경험해본 바에 의하여 그 찰나의 순간 동안 느끼는 행복이 얼마나 무가치한지를 잘 알게 되었을 뿐입니다. 아무리 좋은 레스토랑에서 비싼 음식을 먹어도 그 맞은편에 있는 상대방이 자신을 한 명의 여자로서가 아니라 '예쁨'으로만 바라본다면 거기에는 아무런 의미도 없다는 사실을 상당수의 예쁜 여자들은 이미 알아버린 것입니다. 슬픈 깨달음입니다. 그러면 혼자 남은 그녀들은 뭘 할까요?

혼자 집에서 할 수 있는 일이라고 해봐야 소소한 요리를 하거나 영화를 보거나 애완동물과 무료한 대화를 나누는 정도밖에는 없을 것입니다. 그래도 이 무미건조한 생활이 소모적인 인간관계보다는 낫다고 그녀들은 판단합니다. 무미건조할지언정 여기에는 적어도 비대칭적인 왜곡은 없기 때문입니다. 평범한 사람들로서는 도저히 이해할 수 없는 이 기이한 가치의 전도가 바로 예쁜 여자가 갖고 있는 고독의 실체입니다. 예쁜 여자들의 상당수가 영화를 매우 좋아한다는 사실은 결코 우연이 아닙니다. 영화는 그녀들이 혼자 있는 시간을 흥미롭게 보낼 수 있는 가장 유용한 수단인 것입니다. 뿐만 아니라 영화 안에는 각종 인생의 고민이 켜켜이 들어차 있습니다. 예쁜 여자들은 친구와의 대화나 멘토와의 상담보다 영화를 통해서 더 많은 삶의 교훈을 전수받습니다. 그래서 예쁜 여자들은 실전에는 약해도 이론에는 강한 경우가 매우 많습니다. 보통의 사람들이 이 정도로 많은 영화를 봤다면 아예 평론가로 전업을 하는 계기가 될 수도 있었을 겁니다. 또는 직접 작품을 만들겠다고 나설 수도 있을 것입니다. 그럼에도 불구하고 예쁜 여자들이 영화를 많이 봤다고 해서 평론가가 되거나 감독으로 나서는 경우는 드뭅니다. 이것은 왜일까요? 그 수많은 영화를 보아놓고도 작품들 안에 숨어 있는 인간 삶의 편린을 재조합할 능력이 예쁜 여자에게 없기 때문입니다. 100%라고 말할 수는 없겠지만 예쁜 여자들은 추상화에 약하고 표현력이 부족합니다. 아무리 많은 인생의 가능성이 영화 안에서 펼쳐져도 예쁜 여자는 그것을 오직 자기 삶의 미스터리를 해결하기 위한 미시적 수단으로 사용할 뿐 타인의 삶에는 별다른 관심을 기울이지 않습니다.

재미가 있었다/없었다. 기억이 난다/안 난다. 그걸로 끝입니다. 예쁜 여자들이 가지고 있는 인식의 폭이 그만큼 좁은 걸까요? 그럴 수도 있을 겁니다. 하지만 그보다는 그녀들이 품고 있는 고독의 심도가 그만큼 깊다는 의미로 이해해보면 어떨까요? 공대생에 대한 유명한 농담 하나가 있습니다. 공대생들은 대학생활을 하는 게 힘들다는 토로를 자주 하지만 그건 다 거짓말이라는 겁니다. 왜냐하면 실제로 공대생의 대학생활은 본인들이 토로하는 것보다 2~3배는 더 힘들거든요. 다만 어휘력이 부족해서 제대로 묘사를 하지 못할 뿐이라는 겁니다.

예쁜 여자들의 사정이 이와 비슷합니다. 예쁜 여자는 타인의 고독에 신경 쓸 겨를이 없을 정도로 본인 자신의 고독에 심취해 있지만, 어휘력뿐만이 아니라 통찰력도 부족하기 때문에 자신이 얼마나 커다란 고독을 품고 사는지를 제대로 설명하지 못합니다. 그 시간 동안에도 주변의 사람들은 그녀들의 심연을 이해하지 못한 채 기존의 왜곡과 오해를 더욱 확대재생산하고 있겠죠. 예쁜 여자의 세 번째 비극도 그에 상응해서 피치를 올려만 갑니다.

매 순간 행복하게만 살 것 같은 착각을 온몸에 두르고서, 언제나 화려한 스포트라이트를 받으며 주인공의 삶만을 살 것 같은 예쁜 여자들. 허나 그녀들은 다른 모두가 행복한 순간에, 다른 모두가 예상하지 못했던 이유로 고독합니다. 세상 누구도

외로운 그녀들의 깊은 속마음을 궁금해 하지 않기 때문입니다.

　누군가 옆에 있건 없건 지금 이 순간에도, 예쁜 여자는 혼자 있습니다.

"예쁜 여자는 두 번 죽어야 하는 운명 앞에 버려져 있습니다.
인간으로서 한 번, 예쁜 여자로서 또 한 번."

제 4 막

죽음

제 1 장

행운의 여신

예쁜 여자의 인생에 대해서 턱없이 높은 가중치를 부여하는 현대인의 자화상은 우리가 흔히 사용하는 시쳇말 속에도 그대로 들어가 있습니다. 외모가 우월한 사람을 보면서 한국인들은 이렇게 말하기를 좋아합니다.

"저 여자는 전생에 나라라도 구했나?"
"난 이번 생(生)은 틀렸어."

아무것도 아닌 듯한 이 말 한마디 안에 우리가 예쁜 여자를 욕망하는 패턴과 진심이 묻어납니다. 하나의 인생 전체를 걸고서 망설임 없이 아쉬움을 표출해도 좋을 만큼 아름다움은 절대적인 가치가 되어버린 것입니다. 예쁜 여자라고 해서 행실까지 아름다운 것은 아닙니다. 그녀들 자신이 반드시 행복한 인생을 사는 것도 결코 아닙니다. 그럼에도 불구하고 예쁜 여자들의 단점과 한계에 대한 지적은 예쁜 여자가 아닌 사람들에게는 배부른 소리처럼 들립니다.

'절망감이라면 얼마든지 느껴도 좋으니까 하루만이라도 예쁜 여자가 되어보고 싶어.'

이것이 우리의 속마음인 까닭입니다. 가속화된 기술의 발전은 우리 모두를 능력자로 만들어주었습니다. 허나 우리는 부여받은 능력을 우리 자신의 행복을 위해 사용하지 않았습니다. 대신 더 높이 있는 새로운 가치를 재빨리 찾아내 그것을 욕망하기 시작했습니다. 그리고 지금보다 더 많이 가지지 못한 자신의 처지를 불편하게 느끼기 시작했습니다. 우리는 성능 좋은 망원경으로 더 많은 별을 볼 수 있게 됐으면서도 그 현실에 감사하기는커녕 더 멀리에 있는 별을 보지 못한다며 한탄부터 해대는 배은망덕의 아이콘입니다. 하지만 우리가 아무리 예쁜 여자들에 대한 뜨거운 호기심을 가지고 자세한 관찰과 분석을 반복한들 결론은 허탈합니다. 그녀들이 소유한 (또는 소유한 것처럼 보이는) 완벽한 편안함의 비결은 '우연' 밖에는 없는 것입니다. 그녀들은 그저 우연히 예쁘게 태어난 존재인 것입니다. 그녀들은 걸어 다니는 행운덩어리처럼 보입니다. 그래서 더욱 갖고 싶은 건지도 모르겠군요. 매 순간 그녀들을 관찰하고 경탄하는 버릇을 들이다 보니 우리는 스스로도 모르는 사이에 우연의 위력을 각성하고 행운을 욕망하게 되었습니다. 아무리 치열한 노력을 해도 뜻대로 가질 수 없는 것, 행운(幸運). 손에 넣고 싶지만 가지려 할수록 물처럼 손에서 빠져나가는 행운은 어느덧 우리 인생 최고의 희소가치가 되어버렸습니다.

운에 열광하는 사회

일찍이 공자님은 말씀하셨습니다.

知之者 不如好之者

(지지자 불여호지자)

아는 사람은 좋아하는 사람만 못하고

好之者 不如樂之者

(호지자 불여낙지자)

좋아하는 사람은 즐기는 사람만 못하다.

— 공자, 〈논어 옹야편(雍也篇)〉

21세기의 시대정신을 담아서 제가 여기에 한 문장을 덧붙입니다.

樂之者 不如幸運之者

(낙지자 불여행운지자)

즐기는 사람도 운 좋은 사람만 못하다.

즐기는 사람은 행복한 사람입니다. 하지만 모든 것을 결과 중심으로만 생각하게 된 우리들은 과정상의 행복에 더 이상 최고의 가치를 부여하지 않습니다. 과정보다 중요한 것은, 아니유일하게 중요한 것은 결과입니다. 심지어 노력마저 하지 않은 채 맛볼 수 있는 성공적 결과라면 두말할 것도 없이 모두의 환영을 받습니다. 그게 바로 우리가 염원하는 행운의 실체이기도 합니다. 재벌가에 대한 한국인들의 입장을 가만히 들어보면 운에 대한 시대정신이 더욱 극명하게 드러납니다. 한국의 재벌 그룹을 해체해야 한다고 주장하는 평등주의자들조차 재벌가의 자손들에 대한 의견을 피력할 때면 이렇게 말합니다.

"한국이 부모 잘 만난 사람들의 천국이 되어서는 안된다."

이럴 수가. 비판자들이 먼저 나서서 재벌 부모를 잘 만난 부모, 좋은 부모로 인정하고 있는 것입니다. 이러니까 백날 싸워도 부러워서 질투하는 것이라는 의혹에서 벗어나질 못한 채 논의는 공전을 반복합니다. 한때는 자신의 회사를 꾸려서 꿈과 재산을 불려가는 사람을 멋있게 생각하던 시대도 있었습니다. 지금도 사업가들의 고군분투를 다룬 드라마가 40~50대 남성들 사이에서 인기를 얻습니다. 등장인물들의 모습에서 과거 자신이 동경의 대상으로 삼았던 사람들의 모습을 발견하고 현실을 살아갈 기운을 얻기 때문입니다. 허나 연령이 조금만 낮아져도 판도는 바뀝니다. 요즘 20~30대가 좋아하는 드라마 속에서 인기를 얻는 캐릭터 유형은 거의 비슷합니다. 돈 많은 부모를 만나 젊은 나이에 백화점과 외제차를 소유한 남자. 그리고 우월한 유전자를 만나 젊은 나이에 눈부신 미모를 소유한 여자. 크게 보면 전부 다 '운'의 자손들입니다. 어떤 드라마를 좋아하느냐는 개개인의 자유일 것입니다. 하지만 인생의 메인테마가 운으로 결정된 등장인물들이 아무리 뜨거운 사랑을 한들 그것이 현실을 살아가는 사람들에게 줄 수 있는 영향력은 적거나 아예 없습니다. 그저 상대적 박탈감과 파괴의 감성을 널리 퍼뜨릴 뿐입니다.

운과 노력의 사분면

　세상이 달라졌습니다. 예전에 칭송받던 성실과 노력의 땀방울은 더 이상 존경의 대상이 아닙니다. 열심히 사는 건 너무 바쁘고, 바쁜 건 너무 힘들기 때문입니다. 땀 뻘뻘 흘리며 전화한 통화도 할 시간 없이 사는 노예보다야 승자의 표정을 지으며 비싼 자동차를 몰고 다니는 한량의 인생이 더 낫지 않겠습니까? 그것이 더 편안하고 가치 있는 것 아니겠습니까?

운과 노력의 사분면

가난의 질곡을 끊어내는 것이 인생 최대의 숙제였던 우리 선배들은 운의 중요성에 대해서 별다르게 신경 쓰지 않았습니다. 위의 그래프로 빗대어 설명하면 그들은 가로축에만 정성을 들여 묵묵히 노력할 뿐이었습니다. 때때로 불운은 간밤의 도적처럼 덮쳐와 그간의 노력을 수포로 만들기도 했지만(4사분면), 어떻게든 버티며 하루하루를 살아내다 보면 뜻하지 않은 행운이 찾아와 인생을 상승시켜주기도 했습니다(1사분면). 한국이라는 나라는 그 행운의 기적이 가장 눈부시게 강림한 좋은 사례입니다. 허나 절대적 가난의 악순환이 끊어지고 나자 사람들의 가치관이 달라졌습니다. 우리의 기준이 세로축으로 변경된 것입니다. 우리 중 누구도 3사분면과 4사분면으로 떨어지고 싶어 하지 않습니다. 우리는 지나치게 똑똑해졌습니다. 행운의 혜택을 받지 못하면 아무리 노력을 해도 우리가 원하는 만큼의 상승과 행복을 경험할 수 없다는 사실을 알아버린 것입니다. 이것은 비단 한국만의 문제는 아닙니다. 풍요한 어린 시절을 보낸 전 세계의 모든 사람들에게서 공통적으로 관찰되는 현상입니다. 예를 들면 일본의 젊은이들 역시 똑같은 사고방식에 익숙해져 있습니다.

STEP 1 철저한 행운의 혜택을 받아 진정한 승자가 되지 못할 거라면 (2사분면)

STEP 2 불쌍한 사람이 되어 세간의 동정을 받는 것보다야 (4사분면)

STEP 3 자발적인 루저로 사는 편이 폼이라도 나지 않을까? (3사분면)

이것이 바로 일본의 우치다 타츠루 교수가 지적한 신세대의 사고방식 '하류지향(下流指向)'입니다. 절대 남의 일이 아닌 현상입니다. 근면성실, 기업가정신 등의 아이콘이었던 일본의 젊은이들조차 요즘은 희망 1순위 직업으로 공무원을 꼽습니다. 어느 정도 발전을 이룩한 거의 모든 현대사회는 급속도로 역동성을 잃고 있습니다. 그 이유는 남들이 갖지 못한 행운 덕택에 노력 없이도 잘사는 사람들(최소한 그렇게 보이는 사람들)의 모습에서 우리가 생기를 빼앗기고 있기 때문입니다. 자본주의가 그 풍요함 때문에 위기에 봉착할 것이라던 슘페터(Schumpeter)의 예견은 완벽하게 옳았습니다.

행운의 꼭대기, 예쁜 여자

재벌가에 대한 논쟁에서도 알 수 있듯이 돈 많은 사람들은 끊임없는 질시와 비판의 대상이 되기라도 합니다. 반면 예쁜 여자는 질투의 에너지마저 압도적인 찬사의 에너지로 빨아들일 뿐입니다. 딱 맞춰 요즘 같은 세상에 예쁜 여자로 태어나다니! 그녀들이 거머쥔 행운의 가치는 극단적으로 과대평가되어 있습니다. 모두가 그녀들의 행운을 탐냅니다. 허나 운에 턱없이 높은 가치를 부여하는 것은 결코 현명한 판단이 되지 못합니다. 인생에서 운의 위력은 결정적이지만 다른 한편으로 인생은 매우 긴 레이스인 까닭입니다.

인생 100세 시대의 우리는 누구라도 여러 번의 행운과 불운을 경험할 수밖에 없습니다. 행운과 불운은 모두 우리의 삶을 덮치지만 삶의 시간은 충분히 길기 때문에 둘의 효과는 결국 대수의 법칙(law of large number)에 의해 중립으로 수렴하게 돼 있습니다. 예쁜 여자로 태어난 것도 마찬가지입니다. 미모를 타고난 여자들이 마지막 순간까지 인생의 완벽한 승자인 것은 결코 아닙니다. 그녀들은 필연적으로 늙어야 합니다. 젊은 시절 예쁜 여자로 살면서 잠시 욕망의 정점에 서는 것은 그때로서는 달콤할지도 모릅니다. 하지만 그 달콤함이 훗날 그녀들이 받아들여야 할 인생의 변화를 더욱 더 처참한 충격으로 만든다는 사실을 기억해야 합니다. 미모가 반드시 행운인 것은 아닙니다. 하지만 지금 이 준엄한 진실은 외면 받고 있습니다.

우리 모두가 눈앞의 현실에 대해서만 주목할 뿐 장기적인 시야를 탑재하는 불편함을 감수하지 않고 있기 때문입니다. 대신 우리는 지금도 끊임없이 태어나고 있는 예쁜 여자들에게서 우리 자신이 좌절해야 할 요인을 찾아냅니다. 그녀들이 늙어서 어떻게 될지는 관심이 없습니다. 그 시기에는 그 시기 나름의 예쁜 여자가 존재할 것이기 때문입니다. '지금 이 순간' 누가 최종승자인지에 대해서만 관심을 갖는 우리. 하지만 그 승자가 우리 자신이 되는 순간은 영원히 도래하지 않을 것입니다.

행복하게 살고 싶어, 적어도 너보다는

  몇 해 전, 오직 주식투자만으로 수백억대의 재력가가 된 사람을 만난 적이 있습니다. 사기꾼이 과반수인 주식 바닥에서 '개미 성공 신화'로 안정적인 입지를 구축한 그는 자기만의 특이한 투자방식을 가지고 있었습니다. 투자하려는 회사가 서류상으로만 번지르르할 뿐 제대로 된 공장 하나 없는 부실기업이 아닌지를 검증하기 위해 그는 구글의 스트리트 뷰를 활용합니다. 개미 투자자의 최대 위험인 횡령과 배임의 가능성을 점치기 위해 그는 대주주의 관상에 주목하고 있었습니다. 허무맹랑한 얘기들 같지만 그 안에는 나름대로의 철학이 깃들여 있었습니다. 무엇보다 그가 정직하게 쌓아올린 성과의 금자탑이 신용도를 보증하고 있었죠. 그의 특이한 투자원칙 중에는 대주주의 연령에 관련된 룰도 있었습니다. 지속적으로 회사를 경영해온 대주주의 나이가 60대 이상인 경우 회사의 가치를 한층 더 높게 쳐줄 수 있다는 것이었습니다. 그는 말했습니다.

"30~40대에 너무 크게 성공을 하면 사람은 거의 필연적으로 무리수를 던지게 됩니다. 여자에 빠지거나 도박에 몰입하는 식으로요. 그런 대주주를 가지고 있는 회사에 피 같은 돈을 투자할 수는 없죠.

하지만 사람이 나이를 먹을 만큼 먹으면 그때부터는 자신의 명예를 더럽히는 일은 하지 않게 되거든요. 그 기준을 60세로 잡은 겁니다. 인생을 어떻게 잘 마무리할 것인지를 생각하며 경영하는 대주주라면 투자자의 입장에서도 훨씬 안심이 되니까요."

반드시 경영 일선에서 회사를 지휘하는 사람만이 아닙니다. 인간은 나이를 먹게 되면 행복의 요인이 외부세계에 있지 않다는 걸 좀 더 명확히 깨닫게 되는 것 같습니다.

돈 · 명예 추구의 동태적 경로

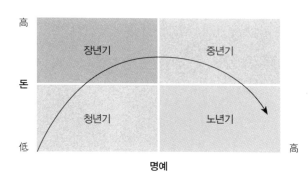

1947년생이면서도 아직까지 "인생은 돈과 여자다."라고 말하는 기타노 다케시(北野武) 같은 예외도 있긴 합니다. 하지만 대체적으로는 환갑을 전후로 한 시점에서 '마음의 평화'야말로 행복의 근본 요인이라는 점을 깨닫게 되는 것 같습니다. 인생의 황혼기에 접어든 사람들은 청장년기의 청춘을 부러워할지도 모르지만 청춘의 입장에서는 중년층의 넉넉한 태도가 부럽습니다. 청춘과 중년은 서로가 서로를 부러워하는 희한한 관계인 것입니다.(중년들은 청춘들의 해맑은 기운을 느낄 수 있고, 청춘들은 결국 해피엔딩으로 끝나는 중년층의 여유로운 회고록을 들어볼 수 있는 '멘토 비즈니스'는 그런 의미에서 참으로 수지가 잘 맞는 장사입니다.)

솔직히 말해 청춘들이 생각하는 행복의 근본 요인은 전혀 내부에 있지 않습니다. 청춘의 입장에서 가장 높은 레벨의 행복은 '남보다 행복'입니다. 남보다 좋은 회사, 남보다 예쁜 여자친구, 남보다 잘 나가는 남자친구를 소유할 때 우리는 행복을 느낍니다. 문득 그런 우리 자신이 싫어지기도 하지만 아직은 어쩔 도리가 없습니다. 운에 집착하는 심리도 따지고 보면 '남보다 행복'에 근본적인 요인이 있습니다. 행운의 여신이 다른 누구도 아닌 나의 옷깃을 스쳐지나갈 때 우리는 인생의 VIP가 되었다는 느낌에 젖을 수 있는 것입니다. 이미 우리는 상당한 수준의 자유를 누리고 있고, 또 그렇다는 사실을 스스로도 잘 알고 있습니다. 그럼에도 불구하고 돈이든 미모든 더 많은 자유를 가지고 있는 사람의 존재를 확인하는 것만으로도 순식간에 절망감에 휩싸입니다. 그런데 우리가 한 가지 잊고 있는 사실이 하나 있습니다.

영원히 살 듯 아등바등 남의 행운과 불운에 대해 골몰하지만 언젠가는 우리 모두가 죽는다는 사실, 모든 인간은 죽음 앞에서 평등하다는 사실입니다.

제 2 장

죽음, 그 평등한 폭력

이제 우리의 본래 주제이자 이 책의 마지막 논점인 죽음에 대한 얘기를 할 차례입니다. 워낙 무거운 주제이긴 합니다만, 마음을 가볍게 한다는 차원에서 퀴즈를 풀어보며 이야기를 시작하면 어떨까 합니다.

〈문제〉 당신은 '죽음'의 반대말을 무엇이라고 생각하십니까?

① 삶

② 태어남

'태어남'은 한순간의 사건이지만 '삶'은 긴 시간 동안의 과정입니다. 따라서 ②를 고른 사람은 죽음도 찰나의 사건이라고 생각하고 있다는 추정을 해볼 수 있습니다. 하지만 죽음이란 그저 순간의 사건이기만 할까요? 인간이 눈에 보이지 않는 것에 대해서 생각할 수 있는 능력은 3~4세를 전후로 배양된다고 합니다. 아주 어린 시절부터 인간은 나름대로의 추상화를 할 수 있는 것입니다. 죽음에 대한 공포도 이 시기를 거치면서 길러질 가능성이 높습니다. 상당히 이른 출발입니다. 어제까지 눈에 보이던 것이 더 이상 존재하지 않는다는 사실을 처음 감각했을 때의 그 가슴 철렁한 느낌. 그 생경한 죽음과의 첫 만남을 당신은 기억하고 있습니까?

　대다수의 사람에게 죽음의 공포는 어린 시절 내면의 한 자락을 차지하는 어두운 기억일 것 같습니다. 할아버지가 그랬듯이 우린 모두 죽는 거야? 엄마도 아빠도? 언젠가는 나도? 죽는다는 건 대체 뭐지? 이 불길한 예감을 처음 받아들인 순간부터 죽음에 대한 공포는 좀처럼 우리 내면에서 사라지지 않습니다. 눈에 뻔히 보이지만 결코 가 닿을 수 없는 밤하늘의 달처럼, 우리는 모두가 언젠가 죽는다는 사실을 뻔히 알고 있으면서도 그 실체에 가 닿을 수 없어 불안함을 느낍니다.

죽음. 그것은 우리 모두에게 다가올 평등하고도 폭력적인 결말입니다. 그 뒤에 무엇이 있는지를 알 수 없기에 더욱 무섭고 불안합니다. 이 불안함을 안고 살아가는 우리에게 죽음은 이미 삶의 일부입니다. 늘 그런 것은 아니라 할지라도 뇌리 한 구석에 죽음에 대한 생각세포를 생성해두고 있는 것입니다. 그러면서 권태나 고독에 빠진 우리에게 문득 나타나 삶의 우울함을 더해주는 존재가 바로 죽음입니다. 상황이 이러하다면 죽음의 반대말은 '삶'이라고 하는 과정(process)으로 보는 게 타당하지 않을까요? 우리는 어느 날 갑자기 죽는 게 아니라, 죽는다는 사실을 미리 알고서 서서히 죽어가는 존재이기 때문입니다.

실존적으로 올바르게

예쁜 여자라고 하는 승자(勝者)의 얘기를 하다가 문득 죽음에 대한 얘기를 꺼내 마음이 무거워졌을지도 모르겠습니다. 하지만 죽음은 아무리 퍼내도 마르지 않는 샘처럼 끝도 없는 주제인 것 같습니다. 죽음에 대한 상념이 중요한 또 한 가지 이유는 이것이 인간에 대한 관용의 정신을 자극하는 데 큰 도움이 되기 때문입니다. 나 자신과 아무리 달라 보이는 사람이라 할지라도 그 사람 역시 언젠가 죽어야 할 나약한 인간에 지나지 않는다는 사실을 생각하면 이 세상에 누구 하나 불쌍하지 않은 사람은 없습니다. 인간에 대한 연민의 감정을 자극하게 된다는 사실. 이것이야말로 메멘토 모리(memento mori), 그러니까 '죽음을 기억하는' 행동의 가장 높은 가치인 것입니다.

예를 들어 자기보다 돈이 많은 사람에 대해서 우리는 관용의 정신을 쉽게 놓아버리곤 합니다. 이미 넘칠 만큼 돈이 많은데 뭘 더 가져보겠다고 저렇게 아등바등 사는 건지 혀를 끌끌 차기도 합니다. 가진 게 많으니까 세금도 더 냈으면 좋겠고 내가 못하는 자선사업도 더 많이, 더 많이 했으면 좋겠다고 등을 떠밀기도 합니다. 하지만 그 사람이 아무리 돈이 많아도 죽고 나서 그걸 들고서 피안의 저편으로 건너갈 수는 없습니다. 공수래공수거(空手來空手去). 누구나 죽을 때는 빈손입니다. 어차피 잘 나가는 것도 다 한때의 일인데 열심히 사업도 해보고 돈도 한번 벌어보고, 그렇게 사는 것도 나름대로 가치 있는 일이라고 생각을 해주면 어떨까요? 그 사람의 돈벌이가 타인의 자유를 침해하는 것이 아니라면 마음껏 해보라고 등도 쳐주고 응원도 해주고 그러면 어떨까요?

돈이 많은 사람이라고 해서 불쌍하지 않은 것은 아닙니다. 인간은 누구나 불쌍한 존재입니다. 이유도 모른 채 이 세상에 태어나서 고생고생을 하다가 언젠가는 실체도 모르는 죽음을 맞아야 하기 때문입니다. 그 점을 생각하면 지금 잠깐 돈이 많고 적다고 해서 큰 차이는 없는 것인지도 모릅니다. 온 세상을 다 가진 것처럼 행동했던 진시황도 죽음 앞에서는 어린아이일 뿐이었습니다.

그토록 절실하게 불로초에 집착했으면서도 50세도 채우지 못하고 죽었습니다. 그토록 허망한 것이 우리의 삶인 것입니다. 누구나 죽는다는 사실을 인지하고서 상대방을 바라보면 그 사람의 자유를 더 잘 지켜줄 수 있게 됩니다. '그래, 한번 마음껏 자유롭게 살아봐.'라고 생각해주게 됩니다. 남녀차별이나 인종차별, 동성연애자에 대한 차별 발언을 일삼는 사람을 보고 우리는 '정치적으로 올바르지 못하다.'고 표현합니다. 인간에 대한 권리를 넘어서 동물에 대한 권리까지를 고려하고 있는 21

세기에서 '정치적 올바름(political rightness)'은 상당히 중요합니다. 어디 가서 교양 있단 소리를 듣고 싶다면 모두가 탑재해야 할 개념입니다. 그렇다면 죽음에 대한 고려에 수반된 상대방에 대한 배려를 '실존적 올바름(existential rightness)'이라 부르면 어떨까 합니다. 말은 어렵지만 본질은 간단합니다. 상대가 아무리 밉고 싫어 보여도 죽음 앞에선 한 마리 어린 양일 뿐이라는 사실을 염두에 두는 것. 그것이면 족합니다. 모르긴 해도 정치적 올바름보다 이 세상을 더 아름답게 만들어줄 개념이라고 확신합니다.

"죽음에 대한 두려움은 한편으로는 개인을 괴롭히고 억누르는 역할을 하지만 다른 한편으로는 사회를 보위(保衛)하고 보호해주는 역할을 한다."

— 애덤 스미스(Adam Smith), 〈도덕감정론〉

두 개의 달, 두 번의 죽음

　보이는 것이 전부인 이 세상. 예쁜 여자는 천하무적의 강자처럼 보이지만 실상은 전혀 그렇지 않다는 것을 지금까지 세 가지의 비극에 빗대어 알아보았습니다. 하지만 슬픔의 행렬은 여기에서 끝나지 않습니다. 그녀들에게는 마지막 비극, 죽음(death)의 높은 산이 남아 있기 때문입니다. 실존적인 올바름을 적용해보면 그녀들 역시 언젠가 소멸될 대상이라는 점에서 가련한 존재라는 점을 쉽게 알 수 있습니다. 아무리 돈이 많은 사람도 그 돈을 가지고 죽을 수는 없는 것처럼, 아무리 찬란한 미모를 가진 사람도 그 미모를 가지고 죽을 수는 없습니다. 죽을 때는 누구나 빈손입니다. 결국 예쁜 여자 역시 다른 사람들만큼 가련한 존재입니다. 우리 모두의 하늘에 떠 있는 죽음이라는 이름의 달. 닿을 수 없지만 눈에 뻔히 보이는 새드 엔딩에 대한 암시를 예쁜 여자들도 똑같이 이고서 살아가야만 하는 것입니다.

　그런데 심지어 예쁜 여자에게는 감당해야 할 죽음이 한 가지 더 있습니다. 인간으로서의 죽음만이 아니라 나이를 먹고 늙음에 따라서 필연적으로 찾아오는 '예쁜 여자로서의 죽음'을 그녀들은 경험해야만 하기 때문입니다. 이것이야말로 죽음이 예쁜 여자들에게 더욱 가혹한 비극인 이유입니다.

그녀들의 하늘에는 두 개의 달이 떠 있고, 예쁜 여자는 두 번 죽어야 하는 운명 앞에 버려져 있습니다. 인간으로서 한 번, 예쁜 여자로서 또 한 번. 그녀들은 아무도 이해할 수 없는 이중의 괴로움을 동시에 안고 살아가야 하기 때문에 다른 사람들보다 더 외롭고, 실존적으로 더 괴로운 존재가 되고 맙니다.

행운의 뒷면

우리 모두가 그녀들의 행운을 탐내지만 정작 행운의 당사자들은 결코 행복하지 못합니다. 이유 없이 갖게 된 그 행운을 언제 도로 빼앗길지 알지 못하기 때문이죠. 창조주가 에덴동산에 아담과 이브를 방목했을 때, 그곳은 낙원이었지만 거기에도 문제는 있었습니다. 일단 잘 알려진 대로 선악과를 따먹을 수 없다는 제약이 있었습니다. 이것은 잘 알려진 문제점이지만 천국의 더 심각한 문제는 따로 있습니다. 그 안에서는 모든 것을 마음대로 할 수 있지만 대신 밖으로는 한 발자국도 벗어날 수 없다는 사실입니다. 예쁜 여자의 행운도 마찬가지입니다. 21세기에 예쁜 여자로 살아간다는 건 엄청난 혜택과 주목을 받을 수 있는 특권입니다. 하지만 그 대신 예쁜 여자라는 범주 밖으로는 한 걸음도 벗어날 수 없습니다. 예쁜 여자가 아무리 다른 뛰어난 능력이 있어도 사람들은 그녀를 그저 '예쁨'으로서만 바라볼 뿐 그녀의 능력을 있는 그대로 인정해주지 않습니다. 예쁜 여자가 아무리 불안, 파괴, 고독의 이유들로 힘들어 할지라도 사람들은 그녀의 목소리에 별로 귀 기울여주지 않습니다.

"한 발자국도 움직이지 마. 넌 예쁜 여자야."

세상 모든 사람들이 이렇게 말하고 있는 것 같다는 기분을 느낀다면, 그래도 과연 마냥 행복하기만 할까요? 기타노 다케시는 연예인으로서의 화려한 삶에 대해 언급하면서 "사람들은 반짝반짝 빛나는 유명인이라며 나를 부러워하지만 정작 빛나고 있는 입장에서는 뜨거워 죽을 지경이다."라고 말했습니다.

예쁜 여자의 입장도 이것과 똑같습니다. 사람들은 별처럼 빛나는 예쁜 여자를 부러워하지만 정작 빛나고 있는 당사자의 마음은 언제나 3도 화상입니다.

행운의 패러독스

　많은 예쁜 여자들은 예뻐도 불편한 게 많다는 입장을 가지고 있습니다. 생각해봅시다. 어딜 가든 사람들의 시선을 받아야 합니다. 누구에게 말만 걸어도 오해를 사기 일쑤입니다. 먼저 다가오는 사람들의 본심은 다른 곳에 있는 경우가 많아 이젠 덜컥 의심부터 듭니다. 예쁜 여자로서의 삶이 대략 이렇습니다. 그런데 더 큰 문제는 정작 본인이 예쁜 여자의 사회적 범주에서 탈락했을 때 찾아옵니다. 예쁜 여자로서의 고충에서 벗어났을 때 더 큰 고통이 시작된다는 것입니다. 길가에 서 있지 못하게 할 정도로 남자들이 엉뚱한 소리를 해대며 집적대는 것이 예쁜 여자들의 삶이지만, 정작 그 집적댐이 사라지면 예쁜 여자는 뭐라고 말로 표현할 수 없는 쓸쓸함을 느낍니다.

'나한테 가진 거라고는 예쁜 것밖에는 없는데, 이젠 그것마저 사라진다고?'

이것이 바로 예쁜 여자들이 가지고 있는 행운의 패러독스입니다. 예쁘면 힘들지만 그렇다고 그 예쁨이 사라지면 더 큰 지옥이 그녀들을 기다리고 있는 것입니다. 예쁜 상태의 종결, 그러니까 예쁜 여자로서의 죽음이 그녀들에게 육체적인 죽음 못지않은 충격을 주는 이유가 여기에 있습니다.

"재산을 잃었다면, 그건 다시 일해서 모으면 된다.
명예를 잃었다면, 그건 만회한다면 세상 사람들이 다시 봐주겠지.
그러나 용기를 잃었다면, 그건 이 세상에 태어나지 않는 것만도 못한 일이다."

— 괴테

장단점의 재배치

　사람은 누구나 자기만의 장단점을 골고루 가지고 있습니다. 예쁜 여자의 장단점은 무엇일까요? 순환논리 같지만 예쁜 여자의 최고 장점은 예쁘다는 사실 그 자체입니다. 이것 하나로 그녀들은 수많은 문제점과 한계를 일거에 뛰어넘는 것입니다. 거기에 덧붙여 예쁘다는 장점 한 가지는 그에 관련된 수많은 다른 장점을 파생시킵니다. 예쁜 여자들은 대체로 낙관적이고 유쾌한 에너지를 휘감고 있습니다. 적어도 겉으로 보기에는 그렇습니다.

　이것은 왜일까요? 온 세상이 그녀들을 향해 자신의 최고 장점만을 보여주려 노력했기 때문입니다. 그녀들은 세계의 뒷면을 본 적이 없는 겁니다. 예쁜 여자가 이 세상을 상대로 상냥하고 유쾌하지 않을 이유는 단 하나도 없습니다. "예쁘면 다 착하다."고 했던 사포의 말은 참으로 여러 각도에서 고찰이 가능한 얘기입니다. 반면 예쁜 여자는 많은 단점을 가지고 있기도 합니다. 아이러니하게도 이 단점 역시 예쁘다는 사실에서 파생된 바가 큽니다. 예쁜 여자로 살다 보니 일반적인 사람들이 가지고 있는 의사소통 체계와는 다른 시스템을 그녀들은 가지고 있습니다.

때때로 그녀들은 멋대로 행동하고 마음껏 실수합니다. 그래도 괜찮습니다. 그녀가 예쁜 여자라면 사람들은 다 감수하고 받아주거든요. 예를 들어 마릴린 먼로 못지않게 예쁜 여자가 약속시간에 늦었다는 가정을 해보죠. 만약 상대방이 예쁜 여자가 아니었다면 대부분의 사람들은 인간에 대한 예의나 에티켓 등을 명분으로 들면서 싫은 소리를 하는 경우가 많습니다. 하지만 상대가 예쁜 여자인 경우에도 그럴까요? 막상 현실 속에서 예쁜 여자와 만나기로 했는데 그녀가 늦었다고 해서 정색하며 화를 내는 경우는 별로 많지 않습니다. 그것은 우리의 품성이 너그러워서가 아니라 '실제로 화가 나지 않기 때문'이죠. 만나주는 것만도 고마운데 좀 늦게 나타나면 어떤가요? 분위기는 조금도 험악해지지 않습니다. 예쁜 여자 앞에 선 사람들은 그녀의 모든 것을 다 이해해줄 준비가 이미 끝난 상태입니다. 심지어 그녀가

"시간 맞춰 나오려고 했는데 대문을 나서는 순간 집 앞으로

UFO가 날아오지 뭐야? 구경 좀 하다가 좀 늦었네. 미안."

이라고 말한다 해도 철석같이 믿어줄 준비는 되어 있습니다. '4차원'이라고 하는 간편한 수식어를 갖다 붙이면서. 특이한 정신세계를 가진 사람을 우리는 언젠가부터 4차원이라고 부르기 시작했습니다. 언뜻 이 표현은 세간의 기준에서 조금 벗어나 있는 사람에 대한 포용처럼 보이기도 합니다. 그러나 가슴에 손을 얹고 진지하게 한번 돌아보시죠. 4차원이라는 너그러운 수식어를 사용함으로써 우리 사회는 더 관용적인 곳으로 변했나요? 천만의 말씀입니다. 딱 한 가지 질문만 던져봐도 현실은 정확히 그 반대라는 걸 쉽게 알 수 있을 겁니다. '못생긴 4차원'을 본 적 있으십니까?

못생긴 4차원은 없다

4차원은 외형적인 매력이 어느 정도 담보되는 여성에 한해서만 허락된 수식어입니다. 생각해보세요. 남자가 좀 특이한

언행을 하면 우리는 그를 변태나 싸이코라고 부르지 4차원이라고 불러주지 않습니다. 예쁘지 않은 여자의 정신상태가 좀 특이할 경우 사람들은 '못생긴 게 성격도 이상하다.'고 툴툴거리지 4차원이라는 고상한 수식어를 허락해주지 않습니다. 외모와 관련해서는 별명의 세계조차 냉정한 것입니다. 예쁜 여자의 경우는 다릅니다. 그녀들은 아주 조금만 이상해도 손쉽게 4차원이라는 타이틀을 거머쥡니다. 우리는 그런 말까지 써가며 예쁜 여자를 지지하고 옹호해줄 준비가 이미 되어 있기 때문입니다. 그녀들의 알 수 없는 정신세계를 어떻게든 감싸 안아 그녀들과 공존하기 위해 발악하는 처절한 몸부림을 하는 겁니다. 우리는 예쁜 여자를 가까이 두기 위해서 그녀들을 위한 새로운 차원까지 대령하는 지경에 이르렀습니다. 이것은 생각하면 할수록 참 적절한 비유입니다.

4차원이라는 말은 사회성이 결여된 예쁜 여자들이 결국 '현실 감각(3차원)'마저 상실하게 됨을 정확하게 짚어주기 때문입니다. 자기를 중심으로 한 편협한 사회에서 살아가는 것에 익숙한 그녀들이 넓은 시야를 가질 턱이 없습니다. 같은 시공간에 속해 있는 듯 보이지만 그녀들이 바라보는 세상은 보통 사람들의 것과 많이 다릅니다. 이 세상에 태어난 사람들이 대략 어떠한 이유들로 힘들어 하는지, 인간의 행태는 어디까지 추악해질 수 있는지, 그러므로 우리는 어떠한 자세로 세상을 살아가야 하는지 등등. 교과서로는 배울 수 없고 오직 경험과 지혜로만 알 수 있는 데이터가 예쁜 여자에겐 턱없이 부족하거나 전혀 없습니다. 그런데도 사람들은 '예쁜데 순수하기까지 하다.'며 열광합니다. 기본적인 지혜가 결여된 대신 그녀들에게 발달된 것은 따로 있습니다. 시각에 장애가 있는 사람일수록 청각이 매우 예민하게 발달한다는 얘기를 들어본 적이 있으실 겁니다.

또한 에스키모들에게는 눈(snow)을 표현하는 단어가 스무 개도 넘게 있다는 사실 역시 들어본 적이 있으실 겁니다. 특정 능력을 자주 사용할수록 인간의 능력은 한없이 계발됩니다. 예쁜 여자들도 그렇습니다. 시각장애인, 에스키모 등과 마찬가지로 예쁜 여자들은 자기만의 독특한 장기를 개발하게 됩니다. 그것은 바로 '자신을 욕망하는 상대방의 냄새를 맡는 능력'입니다. 어떤 사람이 자신을 향해 어떤 말을 할 때, 그 속에 들어 있는 복잡다단한 의미를 예쁜 여자는 세분화해서 파악할 수 있습니다. 이것이야말로 그녀들에게 있어 이 험한 세상을 살아가는 참된 지혜인바, 자신과 관련된 에너지의 실체를 파악하는 정도가 그녀들이 갖고 있는 '현실 감각'의 실체입니다.

보통 사람들에게 현실은 자신을 배제한 세계의 흐름을 의미하지만 예쁜 여자의 현실은 자신을 중심으로 구성된 편협한 에너지의 집합입니다. 그녀들의 속은 겉만큼 아름답고 균형 잡혀 있지 않습니다. 예쁜 여자의 시야는 터무니없이 좁으며, 그녀들은 기본적으로 자기밖에 모르는 존재입니다. 이것은 인성(人性)의 문제라기보다는 그 사람이 살아온 역사(歷史)의 문제입니다.

제 3 장

미모가 잠들면 비극이 시작된다

　예쁜 여자들은 언제라도 실수할 준비가 되어 있습니다. 그렇기 때문에 자신의 단점을 받아줄 마음 넓은 사람들을 주변에 두고 싶어 합니다. '내 편'이 있어야 마음이 편합니다. 시인 릴케는 연인(戀人)을 정의하면서 '서로를 보호하고 서로의 경계를 지켜주며 예를 표하는 두 명의 고독한 독립체'라고 했습니다. 예쁜 여자와의 관계는 이 말과 조금 다릅니다. 한쪽이 다른 한쪽을 완벽하게 보호하고 지켜줘야만 겨우겨우 성립되는 것이 예쁜 여자와의 관계입니다. 릴케의 말을 근거로 삼으며 평등한 조건을 요구해봐야, 그녀는 언제라도 일방적인 자기편이 되어줄 사람을 찾아 이동해버리면 그뿐입니다. 어떻게 보면 이기적이기 짝이 없는 이 메커니즘은, 그러나 그녀가 예쁜 여자의 범주 안에 들어 있는 한 놀라울 정도로 잘 굴러갑니다. 하지만 그녀가 예쁜 여자로서의 죽음을 맞이한다면 어떨까요? 이것은 그녀들이 지금껏 누려왔던 실존적인 상황이 완벽하게 전복된다는 의미입니다.

또한 그동안 예쁘다는 이유만으로 모든 것을 받아들여줬던 사람들의 '무한한 호의의 금자탑'이 와르르 무너져 내리는 상황을 암시합니다. 안에서 새는 바가지는 밖에서도 샙니다. 지금껏 실수가 많았던 예쁜 여자는 앞으로도 같은 실수를 반복할 가능성이 큽니다. 하지만 그녀가 더 이상 예전처럼 아름답지 않다면 사람들의 호의는 중단됩니다. 그것은 그녀들에게 '내 편이 없는 세계'의 출발을 의미합니다. 바꿔 말하면 행복의 종말, 예쁜 여자로서의 죽음입니다. 예쁜 여자 주변의 사람들이 그녀의 늙음이나 미모의 상실을 두 손 모아 기다리고 있었던 것은 아닙니다. 다만 '예쁨'에 대한 그들의 반응이 한결같을 따름입니다. 허나 예쁜 여자의 입장에서 어딘지 모르게 달라져버린 사람들의 태도는 절망적인 느낌을 자아내게 됩니다. 지금까지 한번도 경험해본 적이 없는 거대한 좌절이, 기이한 패배가,

심연의 비극이 이제부터 시작될 것이라는 예감이 그녀를 엄습하는 것입니다. 에스파냐의 화가 프란시스코 고야(Francisco Goya)의 미술작품 중에 "이성이 잠들면 괴물이 나타난다"는 그림이 있습니다. 이 말을 비틀어서 예쁜 여자들에게 적용하면 대략 다음과 같을 것입니다.

"미모가 잠들면 비극이 시작된다."

아름다움에 가려져 있던 세 가지

빠른 속도로 달리던 자동차가 급브레이크를 밟았다고 가정해봅시다. 브레이크를 밟았다고 해서 그 즉시 멈춰 설 수 있는 것은 아닙니다. '끼이익' 하는 굉음을 내고 바퀴의 흔적을 도로 바닥에 새기면서 자동차는 얼마쯤 더 이동합니다. 이전까지의 속도가 빨랐을수록 이동거리는 늘어납니다. 이렇듯 이전의 상태를 계속 유지하려고 하는 물체의 속성을 '관성'이라고 부릅니다. 예쁜 여자는 빠른 속도로 달리던 자동차와 같습니다. 그녀들의 미모가 증발하는 것은 인생에 브레이크가 걸린 것이겠죠. 그렇다면 이 과정은 어떤 흔적을 남기게 될까요? 예쁜 여자에 대한 숭배와 찬탄이 궁극에 달한 우리 시대는 예쁜 여자를 어느 한쪽 방향으로 몰아가는 경향이 있습니다. 그녀들이 우리 삶의 주인공이라도 된 것마냥 특별대접을 해주는 것이죠. 이 과정은 그녀들의 행태에 어떤 식으로든 영향을 끼치게 됩니다. 그래서 그녀들이 세상에 대해서 상냥한 태도를 보임에도 불구하고 일반적인 사람의 관점에서는 단점으로 인지할 수밖에 없는 여러 가지 특성을 탑재시키게 됩니다. 그녀들이 예쁜 여자로 남아 있는 한 그 미모에 가려져 쉽게 눈에 띄지 않을 뿐이지요. 지금부터 예쁜 여자들이 공통적으로 가지고 있는 특성에 대해 잠시 언급해보고자 합니다. 긴 시간 동안 예쁜 여자로 살게 되면, 그녀들은 크게 세 가지를 잃어버리게 됩니다.

책임감의 증발

예쁜 여자는 일생을 통틀어 자신이 뭔가를 책임져본 경험이 거의 없습니다. 자신의 주된 역할은 주인공이었을 뿐입니다. 수습하는 건 늘 다른 사람 몫입니다. 이런 생활을 길게 하다 보면 누구라도 결국엔 책임감 없는 사람이 될 수밖에 없습니다. 미모가 사라져 더 이상 예쁜 여자가 아니어도 그렇습니다. 미모는 사라져도 특성은 남기 때문입니다. 약속시간에 늦는다거나 연락이 잘 안된다거나 하는 부분에서도 잘 알 수 있듯이 예쁜 여자들은 책임감이 별로 없다는 특성을 공유하고 있습니다. 대체 예쁜 여자는 왜 그런 행동을 일삼는 것일까요? 예쁜 여자에게는 스스로를 중심으로 하나의 새로운 사회(社會)를 구성시키는 힘이 있기 때문입니다.

마릴린 먼로의 경우에도 그랬지만 아름다운 외모가 그 자체로 권력이고 능력인 한국 사회에서도 그 경향은 두드러지게 나타납니다. 예쁜 여자가 자신을 중심으로 구성시키는 이 자그마한 사회에서 그녀는 주인 노릇을 할 뿐 누구에게도 아쉬운 입장이 되지 않습니다. 영원한 갑(甲)일 뿐 을(乙)로 살 일이 없습니다. 좀 늦으면 어떤가요? 어차피 그녀가 없으면 그녀의 사회는 굴러가지 않는데, 그녀가 없으면 세계의 태양이 뜨지 않는데요. 예쁜 여자는 왜 유독 자주 늦을까요? 예쁜 여자는 시계를 보지 않기 때문입니다. 볼 필요가 없습니다. 그녀 자신이 곧 시간인 까닭입니다. 자신만의 템포 속에서 숨었다 나타났다를 반복할 수 있는 것. 이것은 예쁜 여자의 커다란 특권이지만 그녀들의 미모가 증발한 뒤에는 그저 단점에 지나지 않습니다.

감탄의 증발

지금 이 순간에도 예쁜 여자를 앞에 둔 어떤 사람은 이렇게 고백하고 있을지도 모릅니다. "너 같은 여자는 처음이야." 그녀가 정말로 예쁜 여자라면, 대놓고 말은 못해도 분명 이렇게 생각하고 있을 것입니다. '너 같은 사람은 101번째야.' 1과 101의 간극만큼 우리는 예쁜 여자를 모르고 있습니다.

예쁜 여자를 발견한 우리의 심리 상태는 일련의 사건을 인생의 특별한 사건으로 인식합니다. 하지만 입장을 바꿔서 생각해보면 어떨까요? 주변 사람들이 자신을 바라보며 특별한 표정을 짓는 장면을 예쁜 여자는 평생 동안 봐왔습니다. 그것은 그녀에겐 생활이고 일상일 뿐인 것입니다. 대부분의 사람들은 예쁜 여자의 마음을 얻기 위해서는 특별함(specialty)이 필요하다고 생각합니다. 특별히 많은 돈, 특별히 뛰어난 용모, 특별히 좋은 운. 자신에게 그녀가 특별하므로 상대방도 그럴 것이라 넘겨짚는 것입니다. 그러다 보니 예쁜 여자는 점점 '뭐든지

다 해본 여자'가 되어갑니다. 예쁜 옷이라면 입어볼 만큼 입어 봤습니다. 맛있는 음식도 먹어볼 만큼 먹어봤습니다. 모든 인 간유형을 다 파악할 정도로 폭넓은 인간관계를 가져보기도 했 습니다. 심지어 아름다운 사람들은 섹스를 더 많이 한다는 연 구결과도 있습니다. 예쁜 여자의 미모가 사라지고 나면 이와 같은 특별한 경험의 집합은 고스란히 비극의 원천으로 변모합 니다. 모든 사람들이 자신에게 특별함을 갖다 바치던 시절과 작별을 고하고 맞이하는 적적한 나날은 그녀들에게 얼마나 통 렬할는지요. 인생의 목적은 감탄에 있다는 점을 우리는 이미 알지만, 예쁜 여자는 감탄에도 이미 무뎌진 상태입니다. 일반 적인 범주에서 생각할 수 있는 특별함에 충분히 길들여져 있 기 때문입니다. 더 이상 예쁘지 않고 더 이상 감탄할 일도 없다 면? 이런 걸 두고 생지옥이라 부르는 것인지도 모르겠습니다.

통찰력의 증발

사회적인 부와 명성을 쌓아올린 남자가 예쁜 여자와 결혼하 면 사람들은 그녀를 트로피 와이프(trophy wife)라고 부릅니 다. 사람들에게 트로피 와이프는 와이프라기보다는 트로피, 그러니까 액세서리입니다. "저 남자라면 일은 할 만큼 했으니 이제 호화로운 액세서리로 몸을 치장할 때도 되었다."는 말을 할 때 가장 중요하고 비중 높은 액세서리는 바로 옆자리의 여자인 것입니다. 연인과 부부 사이는 오직 두 사람만 아는 것이라지만 둘 사이에 어떤 교감이 있었는지를 궁금해 하는 사람은 없습니다. 사람들이 예쁜 여자에게 액세서리로서의 역할을 기대하는 것과 그녀들이 그 미션의 수행에 돌입하는 것 중 어느 쪽이 먼저일지를 파악하기란 대단히 어려운 일입니다. 얼룩말이 흰 바탕에 까만 줄무늬인지 까만 바탕에 흰 줄무늬인지를 밝히는 것만큼 힘듭니다.

허나 사이좋게 버무려져 작용하는 이 경향은 하나의 거대한 흐름을 태동시켰습니다. 그건 바로 '예쁜 여자는 재미가 없다.'는 사실입니다. 삶의 깊이와 통찰력에서 묻어나는 연륜의 재미를 그녀들은 전혀 제공하지 못합니다. 원리는 간단합니다. 손목시계와 대화를 시도한들 거기에 무슨 재미가 있겠습니까? 손목시계의 미덕은 그저 폼 나고 시간 안 틀리면 되는 겁니다. 인생의 평온과 영혼의 교감까지를 줄 필요는 없습니다. 예쁜 여자도 마찬가집니다. 그녀들은 그저 눈부시게 빛나주기만 하

면 됩니다. 그 이외의 다른 어떤 기능에 대한 고려도 해본 적은
없습니다.

'그냥 숨만 쉬어. 넌 예쁘니까. 그러라고 널 고른 거야.'

이로 인하여 어떤 사람과 예쁜 여자가 길을 걸을 때 겉으로
는 멀쩡해보이는 이 풍경 안에는 실로 오묘한 아이러니가 도사
리게 됩니다. 그 사람은 자신의 일행인 예쁜 여자가 아니라 이
름도 모르는 불특정 다수의 행인들을 더욱 의식하게 되는 것입
니다. 낯선 사람들이야 그들 둘 사이에 어떤 문제가 있는지를
생각할 필요가 없습니다. 그저 저 여자는 예뻐서 부럽고, 그 옆
사람은 그녀를 가져서 부러울 뿐입니다. 알고 보면 부러워할
건 하나도 없습니다. 예쁜 여자를 독대하고 있는 상대방에게
자주 느껴지는 것은 재미없음이기 때문입니다. 통찰력의 부재.
자신을 기준으로 한 세계만을 살아온 것이 예쁜 여자의 실체이
니 이는 어쩔 수 없는 일입니다. 대화의 수준이라고 해봐야 된
장국 위에 형성된 막의 두께 정도밖에 안됩니다. 게다가 그녀
는 너무 바쁘고, 오늘도 늦었으며, 지난주엔 두 번 잠수를 했

고, 경험은 어찌나 많은지 뭘 해줘도 감동을 안 받는 존재입니다. 이 처절한 재미없음에서 당장이라도 벗어나고 싶지만 막상 발걸음은 떨어지지 않습니다. 그녀는 예쁘니까요. 버뮤다 삼각지대 이후로 출현한 최악의 트라이앵글에서 고뇌하는 예쁜 여자의 옆사람.

예쁜 여자의 트라이앵글

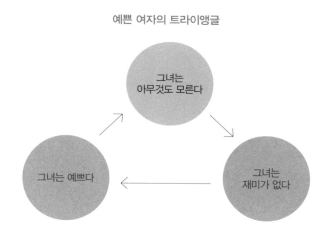

하지만 세상에 영원한 건 아무것도 없습니다. 다행인지 불행인지 이러한 상태에도 끝은 있습니다. 예쁜 여자로서의 죽음으로 인하여 그녀의 미모가 증발할세라 새로운 액세서리, 새로운 예쁜 여자를 향한 여정이 이어지는 것입니다. 남겨진 그녀의 입장은 어떻게 되는 걸까요. 한때 예뻤던 그녀는 나이를 먹어 예전 같지 않지만, 그토록 화려하게 붐비던 그녀의 옆자리는 이제 한산합니다. 거친 세상을 혼자서 헤쳐가기에 아직 그녀의 통찰력은 충분하지 않음에도 불구하고.

시간은 거꾸로 흐르지 않는다

예쁜 여자로서의 죽음에 대해 고찰하다 보면 모든 비극의 원인은 '늙음', 그러니까 정확히 말해 시간의 흐름에 있다는 결론에 도달하게 됩니다. 사람들이 흐르는 시간을 멈추거나 심지어 거꾸로 돌리기 위한 시도를 끊임없이 하는 이유를 잘 이해할 수 있게 되는 부분이죠. 다양한 성분이 포함된 화장품, 격렬한 운동, 또는 성형수술 등을 동원해서라도 많은 이들은 시간을 돌리고 싶어 합니다. 시간을 담보로 수반되는 늙음을 늦추려 합니다. 이와 같은 경향은 여성들에게 좀 더 두드러집니다. 남자들의 경우에는 시간이 갈수록 얼굴에 새겨지는 주름에 대해서 사람들이 훨씬 더 관대하게 반응해주기 때문이죠. 여성의 주름이라고 해서 아름답지 않은 것은 아닙니다. 난민 돕기와 자선활동에 매진했던 오드리 햅번의 주름진 얼굴을 우리는 잘 기억하고 있습니다. 호호 할머니가 되어서도 그녀의 모습은 아름다웠습니다. 모두가 이렇게 늙을 수 있다면 정말 좋겠지만 실상이 그렇지 못한 게 문제입니다. 사람들은, 특히 오늘날의 많은 여성들은 얼굴에 주름이 생길세라 그것을 얼른 잡아당기지 못해 조급해 합니다.

이 조급함은 그녀들의 마음에서 여유를 앗아가고 인생에 대한 성찰을 해야 할 타이밍에 젊음을 갖지 못한 한탄을 하도록 만듭니다. 참으로 슬픈 풍경이지만 모든 사람들이 예쁜 여자를 추종함에 따른 필연적인 결과입니다. 우리 모두가 여자들을 그러한 방향으로 몰아가는 것입니다. 오드리 햅번과는 달리 자신의 아름다움이 증발해 가는 모습을 온전한 마음으로 바라보지 못하는 예쁜 여자들은 시간과의 싸움에서 쉽게 패배합니다. 아니, 사실은 싸움이랄 것도 없습니다. 그저 엎드려 굴복한 채 두려움에 떨 뿐이죠. 그녀들의 권위는 자발적인 쟁취에 의한 것이 아니기 때문에 예쁜 여자는 투쟁에 매우 취약합니다. 그래서 시간의 속도보다 더 빠르게 그 두려움을 습득합니다. 늙음은 그녀들 인생 최후이자 최악의 숙적입니다. 아무리 치열한 노력을 거듭해도 불안하고, 파괴당하고, 고독했던 그녀들의 예쁜 인생은 준엄하게 흐르는 시간을 매개로 끝내 '죽음'이라는 종착역에 가 닿습니다. 정작 그 죽음의 순간은 찰나에 불과할지라도 끝에 대한 암시는 예쁜 여자의 인생 속에서 끊임없이 재생되며 그녀들을 비극의 한가운데로 배치시킵니다. 서늘한 두 개의 달빛은 언제라도 그녀들이 예쁜 여자의 왕좌에서 이탈될 수 있음을 암시합니다. 당사자가 되어보지 않으면 쉽사리 깨닫기 힘든 두 번의 죽음. 그리고 그것에 대한 두려움. 이것이 바로 결코 강자가 아닌 예쁜 여자가 감내해야만 하는 마지막 비극의 실체입니다.

나오는 말

당신이 가장 좋아하는 사자성어는 무엇인가요?

저는 殘額照會라는 사자성어를 가장 좋아합니다. 하지만 좋아하는 것과는 별개로 우리의 인생을 가장 잘 설명해주는 사자성어는 새옹지마(塞翁之馬)라고 생각합니다. 그 얘기를 마지막으로 해볼까 합니다. 인생을 살다 보면 여러 가지 사건에 맞닥뜨리게 됩니다. 좋은 일도 있고 나쁜 일도 있습니다. 그런데 그 하나하나의 국면을 맞이하면서 우리는 종종 눈 먼 사람이 코끼리를 만지듯이 합니다. 눈 먼 사람이 코끼리의 다리를 만질 땐 오직 다리의 생김새에만 매몰되어 전체를 보지 못합니다. 코를 만질 땐 코의 모양에만 매몰되어 또 다른 기관이 있을 거라는 생각을 미처 못합니다. 허나 그것들이 아무리 다르게 생겼어도 크게 보면 그저 한 마리 코끼리의 일부일 뿐입니다.

인생의 희극과 비극, 장점과 단점도 마찬가집니다. 그 사람이 처해 있는 상황과 환경에 따라서 다르게 보일 뿐 희/비극, 장/단점의 경계는 불명확합니다. 각자가 가지고 있는 상황의 맥락만으로 불완전한 판단을 하고 있을 뿐이죠. 장단점에 대한 우리의 액션플랜은 뭐가 장점이고 뭐가 단점인지를 굳이 애써 구분하는 것이 아닙니다. 그 모든 요소를 '특징'이라고 하는 좀 더 넓은 범위의 단어로 감싸 안는 것. 그래서 다양한 요소들을 최대한 균형 있게 바라보는 것. 이 정도가 우리가 할 수 있는 일의 전부입니다. 정해진 장단점은 이 세상에 없습니다. 장점은 포장이 잘된 단점일 뿐입니다. 단점은 배치가 잘못된 장점일 뿐입니다.

예쁜 여자로 살아가는 것은 분명 짜릿한 일이지만 그 삶 속에는 남들이 잘 알지 못하는 숱한 질곡이 숨어 있음을 지금까지 알아보았습니다. 예쁜 여자를 만드는 것이 결국 주변에 있는 우리임을 상기한다면, 아름다움에 대한 우리의 강렬한 욕망이 그녀들을 출현시켰음을 상기한다면, 그녀들이 휘감고 있는 수많은 단점의 원산지 또한 궁극적으로는 우리 자신이라고 볼 수 있습니다. 이 점을 알았다고 해서 예쁜 여자를 둘러싼 파괴적 욕망이 쉽게 소멸되지는 않을 것입니다. 알고 보면 예쁜 여자는 장점보다 단점이 훨씬 많은 존재지만 어차피 이 게임은 토너먼트가 아니고 산술적인 승률계산으로 굴러가는 것도 아니기 때문입니다. 4대 비극으로 4연패를 했더라도 단 하루나마 기쁠 수 있다면, 단 하루나마 운명의 주인공이 되는 희망을 느낄 수 있다면 예쁜 여자가 되고 싶다는 생각을 하는 사람은 앞으로도 속출할 것입니다. 누구도 이 장대한 비극을 자신의 뜻대로 종식시킬 수는 없겠죠.

이 책은 이제 끝납니다. 하지만 지금까지와 똑같은 삶이 책을 덮은 이후부터 다시 반복되더라도 이제는 한번쯤 기억해주세요. 아무리 예쁜 여자도, 알고 보면 그저 예쁜 여자일 뿐이라는 사실을.